사랑과 고통을 그린 화가 **프리다 칼로**

사랑과 고통을 그린 화가 프리다 칼로

ⓒ 황영옥, 2005

초판 1쇄 발행일 | 2005년 11월 21일
초판 2쇄 발행일 | 2007년 9월 14일

지은이 | 황영옥
펴낸이 | 김현주
펴낸곳 | 이룸

편   집 | 김지선
디자인 | 장미옥
제   작 | 김동영 · 조명구

출판등록 | 1997년 10월 30일 제10 — 1502호
주소 | 121 — 840 서울시 마포구 서교동 395 — 172 상록빌딩 2층
전화 | 편집부 (02) 324 — 2347, 영업부 (02) 2648 — 7224
팩스 | 편집부 (02) 324 — 2348, 영업부 (02) 2654 — 7696
e — mail | erum9@hanmail.net
Home page | http://www.erumbooks.com

ISBN 89 — 5707 — 155 — 5 (44990)
        89 — 5707 — 093 — 1 (set)

값 7,500원

청소년
평전21

사랑과 고통을 그린 화가 프리다 칼로

황영옥 지음

이룸

차 례

1. 특별한 초대

1953년 4월 13일

그날 하루 종일, 그리고 이미 며칠 전부터, 멕시코시티 암베레스 거리 12번지에 위치한 현대 미술관의 전화벨은 쉴 새 없이 울려대고 있었다. 고국 멕시코에서 열리는 프리다 칼로의 첫 개인전에 주인공인 프리다가 참석할 수 있는지의 여부를 확인하려는 전화였다. 멕시코뿐만 아니라 해외의 미술 전문 기자들의 문의가 쇄도했다. 그들은 멕시코가 낳은 특별한 여류 화가와, 그녀의 전시회에 관한 모든 정보를 알고 싶어 했다.

프리다에겐 일생일대의 축제가 될 행사였지만 그녀의 개막식 참석은 거의 불가능해 보였다. 이유인 즉, 전시회가 있기 얼마 전 그녀는 척추를 이식하는 수술을 받았는데, 부작용이 생겨 이를 다시 제거해야 했기 때문이다. 남편인 디에고 리베라를 비롯한 프리다의 측근들은 사실 그녀의 죽음이 임박했음을 감지하고 있었다.

프리다는 병마에 시달리면서도 열정적으로 전시회를 준비했다. 그녀는 색지에 인쇄하여 리본으로 묶은 귀여운 초대장에 특유의 냉소와 사랑이 뒤섞인 초대의 글을 직접 써 넣었다.

가슴 깊은 곳에서 우러난

사랑과 우정을 담아

저의 보잘 것 없는 전시회에

당신을 초대하게 되어 기뻐요.

저녁 8시에

(시계는 가지고 계실 테지요.)

롤라 알바레스 브라보의 화랑에서

당신을 기다릴게요.

주소는 암베레스 12번지

당신이 길을 잃지 않도록

문을 활짝 열어 놓겠습니다.

더 이상은 설명하지 않을게요.

당신의 공정하고 진지한 의견을

듣고 싶을 뿐

당신은 해박한 분이고

대단한 지식을 갖고 있으니까.

그림들은

제가 직접 그렸어요.

형제들의 마음에 들기를 기대하며

지금 벽에 걸린 채 기다리고 있답니다.

자, 나의 소중한 벗들이여,

진정한 우정으로

온 영혼을 바쳐 당신에게 감사해요.

– 프리다 칼로 드 리베라

개막식 당일이 되자, 수백 명의 관중이 암베레스가 12번지로 몰려들었다. 그림의 위치와 라벨을 확인하고, 꽃장식이며 간이식당의 상차림을 마지막으로 점검하던 화랑 직원들은 개막 직전 화랑 문을 닫고 잠시 휴식을 취하는 관행을 지킬 수 없었다. 흥분한 관중들이 문을 부수어 버릴 기세로 거세게 밀어닥쳤기 때문이었다.

그러나 의사들은 병세의 악화를 들어 그녀에게 한 발짝도 움직이지 말라는 지시를 내렸다. 하지만 고국에서의 개인전은 그녀 삶의 절정이자 최대의 이벤트였다. 의지의 프리다, 불굴의 프리다가 한갓 병마에 굴복하여 자기 생의 가장 소중한 한 순간을 포기할 리 없었다.

밀려든 관중들이 화랑을 점거해 버린 저녁 7시 30분경, 요란한 사이렌 소리와 함께 구급차 한 대가 화랑 앞에 멈춰 섰다. 문 쪽으로 몰려간 관중들의 눈앞에 놀라운 광경이 펼쳐졌다. 오토바이의 호위를 받으며 도착한 구급차에서 프리다가 들것에 실린 채 내려지고 있었던 것이다. "사진 기자와 기자들은 너무 놀라 한 대 얻어맞은 듯 보였다. 그들은 카메라를 바닥에 내버려 둔 채, 사진 찍을 엄두를 내지 못했다. 프리다는 앰뷸런스에 실려 팬들과 친구들 사이로 영웅처럼 도착했다"라고 디에고는 당시를 회고했다.

그녀는 자신이 가진 멕시코 전통 의상 중에서 가장 예쁜 옷을 차려입고 있었다. 곱게 화장한 얼굴에, 땋아 올린 머리를 온갖 보석과 금은으로 치장한 그녀의 모습은 완연한 병색에도 불구하고 눈부시게 아름다웠다. 그녀는 조심스럽게 화랑 중앙에 놓인 침대로 옮겨졌다(프리다의 침대를 '멕시코 한복판'으로 옮기자는 기발한 아이디어를 생각해 낸 사람은 디에고였다).

거울로 가장자리를 두른 침대 천개(天蓋)에는 해골 유다 상이 매달려 있었고, 머리 판은 프리다가 숭배한 정치 영웅들의 초상화와 가족, 친지, 디에고의 사진들로 뒤덮여 있었으며, 발판에는 그녀가 그린 그림 한 장이 걸려 있었다. 정교하게 수놓은 베갯잇에서 스키아파렐리 향수 냄새가 풍겼다.

프리다는 성자(聖者)처럼 침대에 누워 있었다.

턱수염이 하얗게 센 노인이 다리를 절뚝거리며 침대 곁으로 다가가 감동어린 표정으로 프리다를 내려다보았다. 그는 전설적인 화가이자 혁명가, 화산학자이며 프리다의 오랜 친구인 아틀 박사였다. 이어 군중들이 프리다를 보기 위해 침대를 에워쌌다. 화랑 측에서는 사람들을 일렬로 세우고, 화가와 인사를 나누되 걸음을 멈추지 말아 줄 것을 당부했다. 프리다와 절친한 사이인 이른바 '프리다 사단'의 몇몇 얼굴들이 눈에 들어오자 프리다는 잠시만 곁에 있어 달라고 부탁했지만, 뒤에서 밀어붙이는 하객들 때문에 잠시도 지체할 수 없었다. 쇠잔한 몸을 침대에 누인 채, 당당히 미소 짓는 이 희유(稀有)의 여인에게 사람들은 마음에서 우러나는 존경과 찬탄을 보냈다. 그것은 전시회이기 이전에 한 마당의 흥겨운 파티였다.

가수 콘차 미첼은 프리다가 좋아하는 민요 〈불쌍한 사슴〉을 노래했고, 소설가 안드레스 에레스트로사는 테우안테펙 노래인 〈산둥가〉와 〈롤로나〉를 불렀다.

오늘 밤은 취하려네
내 마음 속 그대여
내일은 오늘과 다르니
당신도 내 말이 맞다는 걸 알게 되리

하객들은 둥글게 침대를 둘러싸고 노래를 불렀다. 프리다도 하객들과 함께 술을 마시고 노래를 불렀다. 프리다의 주치의인 폴로 박사는 디에고에게 프리다가 피곤해 하니 집으로 데려가야 한다고 말했지만, 파티 분위기에 취한 디에고는 의사의 충고를 무시했다. 사실 프리다는 몹시 피곤하고 아팠다. 그러나 그것은 그녀가 주인공인 그녀만의 공연이었고, 어쩌면 생애 마지막이 될지도 모르는 공연이었다.

"개막식은 쇼 같았고, 초현실주의 연극 같았다. 프리다는 밤의 스핑크스처럼 침대에 누워 스스로를 전시했다. 전시장 전체가 무대였다."

"그녀는 자연스럽지 않았다. 그녀는 뭔가 다른 생각을 하고 있는 것 같았다. 그녀는 행복을 연기했지만, 자신의 연기를 힘겨워 하고 있었다."

하객들이 전하는 그날 밤의 인상이 그러했더라도, 그것은 어쨌든 프리다가 원하는 것이었다. 고통을 참으며 기꺼이, 그녀는 자신의 배역을 연기했다. 그것(그녀의 연기)은 그녀의 예술에 나타나는 연극적 자기표현과 일맥상통하면서, 고통과 상처로 점철된 삶에 일관되었던, 그녀만의 독특한 생존 방식이기도 했다. 그 화려한 축제의 마스크 뒤에서 그녀의 명민한 두 눈은 모든 것을 응시하고 있었다. 생의 또 다른 측면들, 시시각각 엄습해 오는 고통과, 다가오는 죽음마저도……. 아마도 그날 축제에 임한 프리다의 모습을 가장 간명하고 정확하게 포착한 것은 디에고의 다음과 같은 술회가 아닐까.

"그녀는 자신을 보러 온 열광적인 사람들에 흡족해 하며, 행복한 표정으로 침착하게 앉아 있었다. 그녀는 거의 말이 없었다. 나중에야 나는 그녀가 삶에 작별을 고하고 있었음을 깨달았다."

47세, 생의 절정에서, 그녀는 그렇게 자기 삶에 작별을 고하고 있었다. 특별하고 우아하게, 너무도 그녀다운 방식으로.

프리다 칼로는 평생 2백여 점의 작품을 그렸는데, 그 대다수가 자화상이었다.

"나를 그린 것은 혼자일 때가 많았기 때문이고, 내가 가장 잘 아는 소재가 나이기 때문이다."

그녀를 혼자이게 한 것은 평생 동안 그녀를 괴롭혔던 병마와 불구의 몸이었다. 그녀는 침대에 누운 채, 거울에 비친 자기 자신을 그리고 또 그렸다. 머리를 자른 자화상, 가시 목걸이를 두른 자화상, 화살을 맞은 자화상들은 그녀의 예술과 분리해서 생각될 수 없는 그녀 삶의 단면들을 보여 준다. 여성으로서, 불구의 한 개인으로서, 그녀는 혁명으로 소용돌이치던 20세기 전반의 멕시코 사회를 온몸으로 살아 낸 예술가였다. 또한 '멕시코 현대 미술의 기념비'로 일컬어지는 디에고 리베라와의 애증에 찬 동행으로 세기적 로맨스를 구현한 사랑의 화신이었다. 그러나 삶도, 사랑도 그녀에게 상처를 주었다.

인간으로서도, 여자로서도 감당하기 힘든 시련이었다. 온몸을 만신창이로 만든 버스 충돌 사고, 평생을 따라다닌 병마, 디에고의 배신, 이혼, 유산, 낙태……. 그녀는 그 모든 것을 견뎌 냈다.

상처받은 자아, 상처받은 여성성을 변주하는 그녀의 그림들은 강렬한 색채, 기이한 환상, 극적인 이미지들로 가득했다. 그녀는 피 흘리고 흐느끼고 찢기는 자신의 모습을 놀라우리만치 솔직한 유머와 판타지로 담아 냈다. 그것은 20세기의 가장 독창적이고 획기적인 이미지들 가운데 하나였다. 초현실주의자들은 앞 다투어 그녀를 자신들의 진영에 초대했고, 여성 운동권에서는 그녀를 새로운 페미니스트의 우상으로 추켜올렸다. 그러나 모든 주의와 운동에 앞서, 그것들은 그녀만의 투쟁이었고, 생의 드라마였다. 그녀는 자신이 가진 것을 가지고 싸웠다. 재능과 정열, 용기와 자부심, 의지와 욕망이야말로 그녀의 강렬한 개성을 구성하는 요소들이었다. 그녀는 패배와 굴복, 절망을 혐오했다.

그녀는 치열하게 싸웠다. 그리고 매 순간 승리로써 자신의 드라마를 연출했다. 그림으로 표현하는 것 외에 그녀는 자신의 슬픔을 겉으로 드러내지 않았다. 반대로 언제나 공작이 날개를 펼치듯 자신의 환희를 과시했다. 비둘기처럼 연약한 모습이었지만 그녀에겐 좌중을 압도하는 카리스마가 있었다. 잊을 수 없는 미모, 여왕 같은 위엄으로 그녀가 거침없이 구사하는 욕설과 상스런 유머는 사람들을 매료했다.

그 모든 것이 불굴의 투지로 연출된 생의 드라마였음을 증명하는 것은 그녀의 그림들이다. 피 흘리고 흐느끼고 찢기는 그림들⋯⋯. 그것들은 그처럼 부조리한 운명의 조각들을 가지고 그렇듯 매혹적인 자기만의 드라마를 완성할 수 있었던 그녀의 인간적 성실성에 대한 증거이기도 하다.

저녁 8시에
당신을 기다릴게요.
시계는 가지고 계실 테지요.
당신이 길을 잃지 않도록
문을 활짝 열어 놓겠습니다.

영혼을 뒤흔드는 미소로 그녀는 오늘 다시 우리를 초대한다. 그녀의 초대를 거절하는 것은 불가능하다. 우리 모두는 사랑과 열정으로 충만한 삶에 대한 동경을 가지고 있고, 모순과 상처투성이의 삶을 경이로 바꾼 그녀의 인생에는 바로 우리들이 찾고자 하는 삶의 열쇠가 감추어져 있기 때문이다.

2. 두 명의 프리다

프리다는 1907년생이었다.

현재 프리다 칼로 박물관으로 일반에 공개되고 있는 그녀의 생가는 멕시코시티 남서쪽 외곽에 위치한 코요아칸의 오래된 주택가에 자리 잡고 있다. 론드레스 거리와 아옌데 거리가 만나는 모퉁이에 있는 이 집은 식민지풍의 U자형 단층 건물로, 담장은 밝은 푸른색이며 창에는 연두색 덧문이 달려 있다.

곤잘로 기예르모 칼로는 프리다가 태어나기 3년 전인 1904년에 이 집을 지었다. 그는 루마니아 영토인 아라드 출신의 헝가리계 유대인으로, 독일로 이주하여 바덴바덴에서 기반을 잡은 보석상의 아들이었다.

섬세하고 낭만적인 기질을 가진 그의 꿈은 학자가 되는 것이었는데, 낙상하여 머리를 다친 뒤부터 간질 발작 증세가 나타나는 바람에 그 꿈을 접어야 했다. 그 무렵 어머니가 세상을 떠나고 아버지가 재혼하자, 열아홉 살의 그는 1891년 홀몸으로 멕시코에 건너와 빌헬름이라는 이름을 기예르모로 바꾸고 두 번 다시 고향을 찾지 않았다.

그는 처음에 유리 제품을 파는 가게의 경리로 일하다가 서점 판매원을 거쳐 라페를라라는 보석상에 취직했다. 그 사이 멕시코 여인과 결혼하여 두 딸을 낳았는데, 그녀는 둘째 딸을 낳다가 세상을 떠났다.

그가 다시 사랑에 빠진 상대는 라페를라의 여직원인 마틸데 칼데론이었다. 그녀는 글을 읽고 쓸 줄 몰랐지만 총명하고 신앙심이 깊은 데다 놀랄 만큼 아름다운 처녀였다. 기예르모에게 전업 사진작가가 될 것을 권한 사람은 마틸데였다. 그것은 그녀 아버지의 직업이었다. 장인과 사위는 전국을 여행하면서 토착 건축과 식민지 건축을 찍은 사진집을 제작했고, 9월 16일, 거리에 최초의 작업실을 열었다.

코요아칸에 집을 장만할 무렵, 기예르모는 사진작가로서 성공가도를 달리고 있었다. 당시 그는 정부로부터 멕시코의 건축 유산 사진 작업을 의뢰받아 놓은 상태였다. 1910년의 멕시코 독립 100주년을 기념하여 제작될 호화 장서에 수록하기 위한 사진들이었다. 작업은 4년에 걸쳐 계속되었고, 훌륭하게 일을 마무리한 그에게는 '공식적으로 멕시코 문화유산을 촬영한 최초의 사진작가'라는 영예가 따라붙게 되었다.

무일푼으로 멕시코시티에 도착했던 이방인으로선 대단한 성공이 아닐 수 없었다.

　기예르모와 마틸데의 셋째 딸은 장마가 한창이던 1907년 7월 6일 오전 8시 30분에 태어났다. 독일어로 '평화' 곧 '프리다'로 불리게 될 아기의 완전한 이름은 막달레나 카르멘 프리다 칼로 이 칼데론이었다.

　프리다를 낳은 직후, 마틸데가 병이 나서 아기는 잠시 동안 인디언 유모의 손에 맡겨졌다. 프리다는 이것을 자랑스러워했다. 뒷날 그녀의 그림에서 유모는 멕시코 전통의 상징으로, 프리다는 그 젖을 빠는 아기로 묘사된다. 프리다는 원주민 유모의 젖을 먹고 자랐다는 사실을 자신의 드라마에 빼 놓을 수 없는 요소로 추가시켰던 것이다.

　마틸데는 건강이 좋지 않은 데다, 중년에 접어들면서부터 남편과 비슷한 발작 증세를 보이기 시작했다. 그래서 프리다는 두 언니 마티타와 아드리아나가 주로 보살폈고, 아버지가 재혼하면서 수녀원에 보냈던 이복 언니 마리아 루이사와 마가리타가 집에 있을 때는 그들의 보살핌을 받았다.

　보드라운 다갈색 곱슬머리에 포동포동한 장밋빛 뺨, 샛별처럼 반짝이는 눈을 가진 프리다는 사랑스러운 아이였다. 머리에 하얀 리본을 달고, 하늘거리는 레이스 원피스 위로 앙증맞은 체크무늬 앞치마를 두른 그녀의 모습은 천사 같았다. 그러나 사내아이처럼 활달한 성격과 넘치는 호기심으로 자주 말썽을 부리곤 했다. 식구들이 모두 눈을 감고 식사 전 기도를 하는 시간에도 여동생 크리스티나와 눈을 맞추며 장난을 치는가 하면, 교리문답 수업 시간에도 크리스티나와 함께 교회를 빠져나와 근처 과수원에서 산사나무와 마르멜로 열매를 따먹으며 놀았다.

어느 날, 프리다는 머리에 가발을 쓰고 이상한 옷차림을 하고 다니던 선생님의 유치원 수업에서 매우 강렬한 인상을 받았다. 선생님은 어둠침침한 교실에서 한 손에는 초를, 다른 한 손에는 오렌지를 들고 우주의 운행과 해와 달과 지구에 대해 설명하고 있었는데, 프리다는 너무 강한 인상을 받은 나머지 바지에 오줌을 싸고 말았다. 선생님은 그녀의 속옷을 벗기고 그녀와 같은 동네에 사는 여자아이의 속옷을 그녀에게 입혔다.

"이 일로 나는 그 애를 아주 미워하게 되었다. 언젠가 그 애를 우리 집 근처로 데려와 목을 조른 적도 있었다. 지나가던 빵집 주인이 나의 손아귀에서 그 애를 구해 주었다."

자신의 악마성을 과장하기 좋아했던 프리다가 사실을 부풀려 기록했을 것이라는 짐작이 가능하지만, 어린 시절 그녀가 구제 불능의 장난꾸러기였던 것만은 분명했다.

언젠가는 이복 언니 마리아 루이사가 요강에 앉아 있는 것을 프리다가 장난삼아 밀어버린 일도 있었다. 마리아는 요강과 함께 뒤로 넘어졌고, 분이 난 그녀는 프리다에게 "너는 엄마 딸도 아니고 아빠 딸도 아니야! 너는 쓰레기통에서 주워 왔어!"라고 고함을 질렀다. 프리다는 이 말에 몹시 충격을 받아 그때부터 내성적인 아이가 되어 버렸다고 일기에 적고 있다. 그러나 정작 프리다를 내성적인 아이로 만든 것은 그녀가 여섯 살 때 닥친 예기치 못한 불행이었다.

멕시코가 혁명의 거센 소용돌이에 휩싸여 있던 1913년의 어느 날 밤, 코요아칸의 식구들은 찢어질 듯 날카로운 비명 소리에 잠에서 깼다. 비명 소리는 프리다의 방에서 들려오고 있었다. 며칠 동안 프리다는 심한 고열과 두통에 시달리고 있었다. 목의 염증과 구토, 설사 증세를 동반한 고열이었다. 의사를 불러야 했지만 기예르모와 마틸데에겐 그럴 돈이 없었다.

1910년 10월 15일에 발발한 멕시코 혁명은 프리다의 부모에게 기억하기조차 싫은 재앙이었다. 혁명은 1519년 스페인 정복자들에 의해 아스텍 왕조가 멸망한 뒤, 고요하던 멕시코 사회를 한순간에 뒤흔들어 놓았다. 당시 대통령이던 포르피리오 디아스는 절대 권력의 영화를 누리며 독립 100주년 기념행사를 준비하고 있었는데, 혁명가 프란시스코 마데로가 그의 부정선거 무효를 선언하며 들고 일어난 것이다. 마데로가 산 루이스 작전을 통해 봉기의 신호탄을 쏘아 올리자 전 국민이 이에 호응하여 나라 전체가 순식간에 광분에 휩싸였고, 백만 명 이상의

사상자를 낸 끝에 기존 체제를 뒤엎어버렸다.

　프랑스 작가 르 클레지오는 《프리다 칼로 & 디에고 리베라》에 당시의 상황을 자세히 기술하고 있다.

　'멕시코 혁명은 러시아 혁명을 예고하는 최초의 사회 혁명으로 현대사의 시작을 알리는 사건이었다. 멕시코 전체를 휩쓴 이 혁명 운동은 자생적이었고 농민들이 주역이었다. 멕시코의 1910년 상황은 스페인 지배자들이 남겨 놓은 그대로였다. 대다수 농민들이 대지주의 핍박을 받았고, 그들의 사병들에게 착취당하고 있었다. 열다섯 명의 지주가 백만 헥타르에 이르는 농지와 강물까지 소유하며 마을을 지배하는 절대자로 군림했다. 영토가 어찌나 광활했던지 지주들은 개인 소유의 철도를 이용해서 이동할 정도였다. 엄청난 부를 축적한 지주들은 영국에서 가정교사를 초빙했고, 파리로 빨랫감을 보내 세탁하게 했으며, 오스트리아에서 대형 금고를 들여왔다.

　당시 멕시코의 상권은 외국인이 장악하고 있었다. 광업과 시멘트공업은 미국인이, 군수업과 철공업은 독일인이, 식품업은 스페인 사람이, 섬유업과 도매업은 프랑스의 바르셀로네트가(家)가 독점하고 있었다. 영국인과 벨기에인은 철도를 소유하고 있었으며, 유전은 도헤니가와 구겐하임가, 쿠크가와 같은 미국 재벌의 수중에 있었다.

　디아스가 지배하던 멕시코는 유럽의 영향 아래 있었고, 예술과 문화도 유럽을 모델로 삼았다. 독재자 디아스는 멕시코시티를 파리처럼 만들었고, 모든 도시에 왈츠 곡과 카드리유 무도곡을 연주하는 오스트리아식 음악당을 세웠다. 원주민의 고유한 예술, 민속, 문화는 경멸당했다. 기껏해야 갑옷 입은 전사 복장의 원주민들과 로마식 옷을 입은 원주민 여인들을 그린 화가 사투르니노 에란의 고풍스런 작품에서나 아스텍 문화의 영향을 찾아볼 수 있는 정도였다.'

마데로의 선동으로 일어난 혁명은 400년간 지속된 정복자들의 행패와 원주민 탄압이 빚은 피할 수 없는 비극이었다. 혁명을 주도한 것은 일개 목동에서 북부 사단의 장군이 된 판초 비야와 남부의 지도자 에밀리아노 사파타 두 사람이었는데, 그들의 난폭하고 야만적이며 비타협적인 모습은 멕시코 민중의 진정한 상징이기도 했다.

멕시코 민중이 혁명에 열광한 것은 당연한 일이었다. 특히 새로운 세기를 맞이한 청년 예술가들에게 있어 혁명은 끓는 피에 기름을 붓는 것과 같은 역할을 했으며, 뒷날 프리다가 자신의 출생을 1907년에서 1910년의 일로 각색하면서까지 혁명의 딸이기를 자처했던 것도 그러한 열광의 연장선상에서 풀이될 수 있는 일이었다. 그러나 혁명 이전의 세상에서 번영을 구가했던 기예르모에게 혁명은 전혀 다른 모습으로 다가왔다.

1911년 5월, 그에게 사진 작업을 의뢰했던 디아스 정권이 무너지고 그 후 10년 동안 내전이 계속되자 가족들을 위해 코요아칸의 값비싼 땅에 안락한 집을 지을 수 있었던 부유한 사진작가는 생계를 잇기조차 힘든 가난뱅이로 전락하고 말았다. 집을 저당 잡히고, 가구와 집기를 내다 팔고, 잠시 머무는 독신자들을 상대로 하숙을 치기도 했지만, 사진 작업을 위한 장비를 살 돈조차 없을 때가 많았다.

관공서의 일을 맡아 출세 가도를 달리던 전도유망한 사진작가는 이제 멕시코시티 시내에 있는 자신의 사진관에서 낡아빠진 휘장을 배경으로 영성체를 받는 여인이나 신혼부부의 사진을 찍어 주는 신세가 되었고, 주문이 들어오지 않는 날도 많았다. 그야말로 돈도 미래도 없이, 하루하루를 겨우겨우 살아가는 처지에 놓이게 된 것이다. 형편이 이렇게 되자 원래 말이 없던 기예르모의 얼굴에는 더욱 짙은 그림자가 드리워졌다.

프리다가 처음 고열 증세를 보였을 때, 부부는 당장의 주머니 사정을 생각하지 않을 수 없었다. 두통, 목의 염증, 설사와 구토는 감기에 걸려도 흔히 나타나는 증상이었으므로, 그들은 일단 집에서 간호를 하면서 며칠 더 병세를 지켜보기로 했다. 그러던 중에 프리다가 비명을 지르며 한밤중에 온 집 안을 발칵 뒤집어 놓은 것이었다.

"아빠, 기분이 안 좋아요."

프리다는 숨을 헐떡이며 애처롭게 중얼거렸다.

기예르모는 프리다의 작은 손을 꼭 움켜쥐었다.

"프리다, 내일까지만 참으렴. 내일은 꼭 의사 선생님을 모셔오마."

"머리가 깨질 것 같아요. 속도 메스껍고……."

"잠을 좀 자도록 해 봐. 잠을 자면 금방 내일이 올 테니."

"의사 선생님이 오시면 아픈 걸 다 낫게 해 주실까요?"

"그럼. 그러니 프리다, 억지로라도 잠을 청해 보렴."

기예르모는 프리다의 볼에 입을 맞춘 다음, 불을 끄고 마틸데와 함께 방을 나갔다.

그러나 잠시 후, 다시 프리다의 비명 소리가 들렸다. 아까보다 더 크고, 더 날카로운 비명이었다. 여섯 명의 딸들 가운데서 프리다를 가장 사랑했던 기예르모는 허둥지둥 어둠 속을 달려가며 정신 나간 사람처럼 중얼거렸다.

"진작 의사를 불렀어야 했는데…… 의사를 불렀어야 했는데……."

프리다는 온몸을 뒤틀며 울부짖고 있었다.

"다리! 다리가 아파요! 아악!"

"다리라니? 어느 쪽 다리 말이냐?"

잠옷을 추스르며 달려온 마틸데가 담요 자락을 젖히며 물었다.

"이쪽이요, 이쪽 전부!"

프리다가 자신의 오른쪽 다리를 가리켰다. 마틸데는 결연한 얼굴로 프리다의 다리를 주무르기 시작했다. 프리다는 다시 자지러질 것처럼 비명을 질렀다.

"악! 아파요! 차라리 다리를 잘라 냈으면 좋겠어!"

기예르모는 제정신이 아니었다.

"의사! 의사를 불러! 지금 당장!"

의사가 오기를 기다리는 동안, 기예르모는 불안에 떨며 방 안을 서성거렸다.

'만약 프리다의 병이 단순한 감기가 아니라면……뭔가……뭔가 크게 잘못된 거라면…….'

그러는 사이에도 프리다는 작은 몸을 바둥거리며 고통에 찬 비명을 질러 대고 있었다.

모두에게 영원처럼 긴 시간이 흐른 뒤, 마침내 검은 왕진 가방을 든 의사가 대문간에 모습을 나타냈다. 의사는 프리다를 면밀히 검진했지만 어떤 결론도 내리지 못했다. 다만 몇 가지 테스트를 해 봐야 하니 아침에 아이를 병원으로 데려오라고만 말할 뿐이었다.

"검진 결과가 나왔습니다."

"오, 성모님!"

마틸데가 한숨을 쉬듯 작은 소리로 중얼거렸다.

기예르모는 고개를 떨군 채, 두 주먹을 꽉 부르쥐고 있을 뿐이었다.

"이런 말씀을 드리게 되어 유감입니다만, 따님은 소아마비입니다."

기예르모의 어깨가 흠칫 떨렸다.

"따님은 척추성 마비 증세를 보이고 있어요. 바이러스로 인해 생기는 병이죠. 현재로서는 뾰족한 치료 방법이 없습니다. 증상이 진행되는 동안 팔다리에 무리가 가지 않도록 침대에 누워 절대 안정을 취해야 한다는 말씀밖에는 드릴 수가 없군요."

온몸을 떨고 있는 기예르모를 대신해 마틸데가 입을 열었다.

"증상이 얼마나 오래 지속될까요?"

"지금으로선 뭐라 말씀드릴 수 없습니다. 수분 섭취에 유의하면서 지켜보는 수밖에요."

"……."

"탈수 현상을 막기 위해 아이가 지속적으로 수분을 섭취할 수 있도록 해야 합니다. 탈수 현상은 대소변 고착을 불러올 수 있으니까요."

"그 다음에는요? 그러니까……."

마틸데가 적당한 말을 찾지 못해 더듬거리고 있을 때, 신음을 토하는 듯한 기예르모의 목소리가 끼어들었다.

"그 다음 진행 상황에 대해 제발 정확히 말씀해 주십시오."

의사는 잠시 말이 없다가, 이것으로 상황을 종결짓겠다는 듯한 사무적인 어조로 짤막하게 대답했다.

"만일 상태가 나아진다면……마비 부위를 한정시키기 위해 가능한 한 운동을 많이 해야 합니다. 걷는다든가, 춤을 춘다든가, 다리를 많이 움직일 수 있는 운동 말이죠."

프리다는 아홉 달 동안 침대에 누워 지내야 했다. 아침저녁으로 마틸데가 그녀의 작은 다리를 욕조에 담그고 호두로 만든 약물과 뜨거운 수건으로 문질러 주었지만, 결국 그녀의 오른쪽 다리는 영영 불구가 되고 말았다.

프리다가 병상에서 일어난 직후인 1914년에 찍은 가족사진은 그 아홉 달 사이에 이 작은 소녀의 내면에 일어난 변화를 보여 준다. 코요아칸 집의 발코니 아래에서, 심각한 얼굴을 한 어린 소녀는 무성한 화초들 사이에 하반신을 반쯤 가린 채 식구들과 조금 떨어져서 서 있다. 자신은 남들과 다르다는 것, 그리고 결코 그들과 같아질 수 없다는 것을 일곱 살의 어린 나이에 이미 속속들이 깨달아 버린 얼굴이었다. 프리다는 비쩍 마른 다리 때문에 평생 열등감에 시달렸다. 자신이 등장하는 그림 속에서 그녀는 가능한 한 불구의 다리를 감추려고 했다. 디에고가 1930년에 그린 그녀의 유일한 나체화에서도 프리다는 아픈 다리를 성한 다리 밑에 포갠 어설픈 자세로 소파에 앉아 있다.

프리다가 목이 긴 장화를 신고 자전거를 탈 때면 아이들은 짓궂게 따라다니며 그녀를 놀려대곤 했다.

"프리다! 나무다리 프리다!"

프리다는 아이들을 사납게 노려보며 어린아이답지 않은 거친 욕설로 맞서곤 했지만, 또래 아이들과 어울리지 못하는 외로움은 그녀의 가슴에 깊은 상처로 자리 잡았다. 더욱이 그 무렵, 그녀가 유일하게 속을 터놓고 지내던 큰언니 마티타가 집을 나가는 사건이 발생하는 바람에 그녀의 고독은 더욱 깊어졌다.

마티타가 가출을 결심한 것은 남자 친구 때문이었다. 프리다는 식구들 중에서 아버지 다음으로 큰언니를 사랑했지만, 정열과 낭만에 대한 동경을 품고 있던 이 조숙한 소녀는 사랑의 도피를 감행하려는 젊은 커플을 도와주는 것이 자신의 의무라고 생각했다.

"내가 일곱 살 때, 당시 열다섯 살이던 언니 마티타가 남자 친구와 베라크루스로 도망가는 것을 도와주었다. 발코니 창을 열어 주었고, 아무 일도 없었다는 듯 닫아 놓았다. 어머니는 마티타를 제일 좋아했기 때문에 그녀가 도망친 사실을 알고는 발작을 일으켰다. 아버지는 한 마디도 하지 않았다.

몇 년 동안 우리는 마티타를 만나지 못했다. 언젠가 전차에서 아버지는 나에게 '절대로 그 애를 찾지 않겠다!'고 단언했다. 나는 아버지를 위로했다. 사실 나는 한 친구에게 언니에 대한 얘기를 들었다. '이 마을의 독토레스 구역에 너랑 무척 닮은 여자가 살고 있어. 결혼한 여자인데, 이름은 마티타 칼로야.' 언니는 그곳에서 파코 에르난데스와 동거하다가 나중에 결혼했다. 그들은 경제적으로 풍족한 생활을 누렸고, 아이는 없었다. 나는 먼저 아버지에게 언니를 찾았다고 전했다. 나는 언니에게 여러 번 놀러 갔고, 어머니를 설득하여 그들을 만나게 하려고 했지만, 어머니는 원하지 않았다."

마티타는 과자나 과일 같은 선물을 들고 찾아오곤 했지만, 어머니가 집 안에 들이지 않았기 때문에 현관문 앞에 선물을 놓고 돌아가야 했다. 어머니는 그녀가 돌아간 것을 확인한 다음에야 선물을 수거했다. 어머니가 마티타를 용서한 것은 그녀가 집을 나간 지, 12년이 지난 1927년의 일이었다. 마티타는 그때서야 자유롭게 친정을 드나들 수 있게 되었고, 큰딸의 가출로 먹구름이 드리워졌던 칼로 집안은 평화를 되찾았다.

어린 시절, 프리다가 외로움을 달래기 위해 상상의 친구를 만들어 함께 놀곤 했다는 일화는 널리 알려져 있다.

"여섯 살 무렵이었을 것이다. 나는 내 또래의 작은 여자 아이와 상상 속에서 우정을 나누는 강렬한 체험을 했다. 당시 내 방 창문으로는 아엔데 거리가 내다보였다. 나는 첫 번째 창에 입김을 불어 김이 서리게 한 다음, 유리창에 낀 수증기 위에 손가락으로 문을 하나 그리고, 아주 즐거운 마음으로 이 문을 열고 나가는 상상을 했다. 그리고 '핀손'이라는 우유 판매점까지 가서 핀손(Pinzon)의 'o'를 통해 지구 중심으로 내려갔다. 그곳에서 내 상상의 친구가 나를 기다리고 있었다. 이제는 그 친구의 모습도 머리 색도 잊었다. 그러나 그 친구가 명랑했고 많이 웃었던 것은 기억난다. 아무 소리 없이 짓는 웃음이었다. 그 친구는 전혀 무게가 나가지 않는 것처럼 나풀나풀 춤을 추었다. 나도 그 친구와 함께 춤을 추었고, 우리는 온갖 비밀 얘기를 나누었다. 무슨 비밀이었는지는 기억나지 않는다. 그러나 그 친구는 내 목소리만 듣고도 나에 관한 모든 것을 이해했다. 나는 유리창에 그린 그 문을 통해 창문 앞 내 침대로 돌아왔다. 그 친구와 얼마 동안 함께 있었던 것일까? 1초였을 수도 있고, 수천 년이었을 수도 있다. 행복했다. 내가 손으로 문을 문지르자 문은 사라졌다. 나는 비밀을 간직한 채, 우리 집 안뜰 모퉁이까지 달려가 삼나무 아래서 소리를 지르고 웃음을 터뜨렸다."

점점 심해지는 불구와 고독은 어린 소녀의 꿈을 환상으로 바꾸어 놓았고, 프리다로 하여금 거울에 비치는 또 다른 자신에게 신비한 의미를 부여하게 했다.

프리다는 1939년에 그린 그림 〈두 명의 프리다〉를 설명하면서 처음으로 이 상상의 친구에 대해 이야기했다. 그림 속에서 각각 서양식 드레스와 테우아나 의상을 입고 있는 두 명의 프리다의 심장은 하나의 동맥으로 연결되어 있다. 성인이 된 뒤에도 프리다는 상상 속의 친구를 결코 잊지 않았으며 그녀가 삶으로부터 상처받고 고통받을수록 그녀의 마음 깊은 곳에서 친구의 존재는 점점 더 크게 자라났다.

〈두 명의 프리다〉는 프리다와 디에고의 이혼 서류가 통과되던 무렵에 완성되었다. 프리다의 마음속에 존재하는 두 개의 자아를 상징하면서, 또한 각각 '디에고가 사랑했던 프리다'와 '디에고가 더 이상 사랑하지 않는 프리다'를 표현하고 있는 〈두 명의 프리다〉에서, 디에고에

게 버림받은 프리다를 나타내는 흰 드레스의 여자는 손에 들고 있는
가위로 동맥을 잘라 꽃무늬 같은 선혈로 자신의 치맛자락을 붉게 물들
이고 있다.

　프리다가 걸을 수 있게 되자 의사는 오른쪽 다리를 강하게 만드는
훈련 프로그램을 추천해 주었다. 프리다는 축구, 권투, 레슬링을 했고,
특히 수영을 잘했다. 프리다의 회상에 따르면 그녀의 장난감은 스케이
트나 자전거처럼 주로 남자아이들이 갖고 노는 것들이었다. 그런 노력
에도 불구하고 다리는 자라지 않았기 때문에, 프리다는 가는 다리를
감추기 위해 양말을 서너 켤레씩 덧신고, 오른쪽 굽이 높은 신발을 신
었다. 친구들은 그녀가 검은 블루머(한복 바지와 비슷한 여성 바지)를 입
고 자전거 페달을 밟으며 센테나리오 공원을 요정처럼 내달리던 모습
을 기억한다.
　"그녀는 옷을 굉장히 잘 입었고, 멋있었다. 그녀가 깡충깡충 뛰어가
는 모습은 하늘을 나는 새처럼 보였다."
　그러나 그녀는 '상처 입은 새'였다. 불공평한 운명이 자신에게 부과
한 불행에 대한 보상 심리로, 프리다는 마음속에 견고한 둑을 쌓은 채
겉으로는 점점 더 천방지축의 말괄량이가 되어 갔다. 그리고 아이러니
컬하게도 삶을 대하는 그러한 태도는 그 상처 입은 새로 하여금 하늘
중에서도 가장 높고 푸른 하늘을 비상할 수 있게 해 준 힘이 되었다.

이제 그녀는 멕시코 최고의 교육기관인 국립예비학교에서 명물로 통하는 문제아가 될 터이고, 또한 그곳에서 일생의 반려자인 디에고 리베라를 만나게 될 터였다.

프리다가 멕시코의 수재들만 모이는 국립예비학교의 입학시험에 합격한 것을 가장 기뻐한 사람은 기예르모 칼로였다. 정숙한 소녀들에겐 바람직하지 않은 환경이라는 이유로 마틸데 칼데론은 딸의 예비학교 진학을 반대했지만, 기예르모는 뜻을 굽히지 않았다. 아들이 없던 그는 학자가 되고자 했던 자신의 좌절된 꿈을 이루기 위해 제일 아끼는 딸에게 희망을 걸었다. 가장 똑똑한 아들을 교육시키는 멕시코의 오랜 전통에 따라 프리다는 의과대학에 진학할 수 있는 국립예비학교의 5년 과정에 등록했고, 수많은 우여곡절을 거친 끝에 결과적으로, 기예르모가 희망했던 바를 훨씬 뛰어넘는 위대한 이름의 주인공이 되었다.

3. 국립예비학교

국립예비학교는 적갈색 화산암으로 지어진 성채 모양의 식민지 건
축물로, 멕시코시티 중앙 광장 소칼로에서 몇 블록 떨어지지 않은 곳
에 위치해 있었다. 소칼로에는 왕궁과 성당, 관청 건물들이 늘어서 있
었으며, 부근 일대에는 대학을 비롯한 여러 학교들이 자리 잡고 있었
다. 예비학교 주변에는 가게, 식당, 공원, 극장들이 즐비했다. 노점상
들은 배고픈 학생들을 상대로 구운 고기와 얼음과자, 튀김 등을 팔았
고, 거리의 악사들이 연주하는 감미롭고 애달픈 선율이 오가는 젊은이
들의 발길을 붙잡았다.

예비학교는 고등학교라기보다 대학에 가까웠다. 초대 교장 가비노

바레다가 주창한 '지식의 사다리' 모델에 따라 학생들은 물리학과 생물학 강의를 들어야 했으며, 외국어 교과과정은 과학 수업에 맞춰 편성되었다. 처음에 프랑스어를 배우고, 다음으로 영어나 독일어를 배웠으며, 마지막 2년 동안 라틴어를 배웠다.

프리다의 동급생들은 멕시코 최고의 젊은이들이었다. 그들은 열정과 분노, 적극적 행동주의와 개혁주의적 열광으로 새로운 시대의 멕시코를 열어가고 있었다. 바로 이곳에서 멕시코가 창조되고 있었으며, 그들은 열렬히 그 창조의 대열에 합류했다. 학창 시절에 이미 그들은 학교와 대학의 변화에 일익을 담당했으며, 졸업할 무렵에는 국가의 지도자로 성장했다.

프리다가 예비학교에 입학했을 때는 여학생 입학이 처음으로 허용된 직후여서, 2천여 명의 학생들 가운데 여학생은 프리다를 합해 서른다섯 명 뿐이었다. 예비학교 학생들은 교복이 따로 없었기 때문에 프리다는 금속 버클이 달린 푸른 작업복에 남학생용 배낭을 즐겨 메고 다녔다. '둘러멘 작은 세계'라고 할 만한 그녀의 배낭 안에는 교과서와 공책 외에도 그림, 나비, 말린 꽃잎, 물감, 책 등이 들어 있었다.

날씬하고 균형 잡힌 체격에, 숱이 많은 검은 머리를 이마와 나란히 일자로 자른 이 연약한 소녀에게선 부드러움과 고집스러움이 뒤섞인 묘한 분위기가 느껴졌다. 도톰하고 육감적인 입술과 턱에 생기는 보조개는 성급하고 짓궂은 인상을 주었지만, 빛나는 검은 눈동자와 짙은 일자 눈썹은 강인하면서도 신비한 매력을 풍겼다. 예비학교 안뜰, 맨 위층에는 여학생 아지트가 있어 수업이 없는 여학생들이 모여 수다를 떨곤 했지만, 그들의 진부함과 저속함을 경멸했던 프리다는 처음부터 이곳에 모습을 나타내지 않았다. 그보다 그녀가 좋아했던 것은 교내의 이런저런 동아리 활동이었다.

동아리는 학교생활의 비공식적 서열 구조를 형성했다. 특별활동 모임도 있었고, 토론과 여행 모임도 있었으며, 사회 활동 단체도 있었다. 바스콘셀로스(당시의 교육부 장관 호세 바스콘셀로스. 반(反) 디아스 투쟁에 투신했던 법률가이자 철학자로, 멕시코 교육이 '우리 피, 우리 말, 우리 사람' 위에 세워져야 한다고 주창하며 다양한 교육개혁 사업을 추진했다)의 대중적 개혁이 국가의 부활과 연결된다고 생각하는 모임도 있었고, 문화의 민주화가 문화의 타락을 의미한다고 생각하는 모임도 있었다. 마르크스를 읽는 모임도, 혁명이 이룩한 개혁에 적의를 품은 모임도 있었다. 급진파 학생들은 종교를 거부한 반면에 보수파 학생들은 가톨릭교회를 열렬히 옹호했다. 다양한 분파가 학교 안에서 맞붙었고, 무수한 교내 출판물을 통해 접전을 벌였다.

프리다는 교내 여러 동아리에 친구들이 있었다. '동시대인' 이라는 문학 서클에서 후에 저명한 시인이 된 카를로스 펠리세르를 비롯한 쟁쟁한 문학청년들과 사귀었고, 바스콘셀로스를 지지한 두 명의 유명한 학생 연사, '마이스트로' 의 살바도르 아수엘라, 헤르만 데 캄포와도 가깝게 지냈다.

그러나 프리다의 진짜 친구들은 '카추차스'(Cachuchas) 회원들이었다. '카추차스'라는 이름은 회원들이 쓰고 다니던 챙이 달린 모자에서 유래했다. 그들은 뛰어난 두뇌와 짓궂은 장난으로 이름난 예비학교의 명물들이었다. 모임은 남학생 일곱 명과 여학생 두 명으로 구성되었는데, 그들 모두는 훗날 멕시코의 유명 인사로 성장했다.

그들은 정치 문제에 관여하지 않았지만 민족주의가 가미된 낭만적 사회주의를 신봉했다. 또 바스콘셀로스의 추종자로서 조국의 미래에 대한 드높은 이상을 품었고, 학교 개혁을 선동했다. 그들은 상식을 뛰어넘는 돌발 행동으로 교실을 무정부 상태에 몰아넣곤 했으며, 장난이 도를 넘는 경우도 많았다. 그들이 당나귀를 타고 복도를 지나가는 것을 보고 수업하던 학생들이 모두 구경을 나온 적도 있었고, 폭약으로 개를 둘둘 감고 불을 붙여 불쌍한 개가 복도를 내달리며 미친 듯이 짖어 댄 적도 있었다.

안토니오 카소 교수는 그들의 짓궂은 장난의 표적이 된 대표적인 케이스였다. 그는 덕망 높은 인물이었지만 카추차스 회원들이 보기에 그의 사상은 지나치게 보수적이었다. 대강당에서 그의 진화론 강의가 있던 어느 날, 카추차스 회원들은 연단 위쪽 창문에 15센티미터짜리 폭죽을 설치하고 강당 바깥에는 20분짜리 도화선을 연결했다. 잠시 후, 요란한 폭발음과 함께 유리창이 깨지면서 유리 조각, 돌멩이, 자갈 등이 교수의 머리 위로 비 오듯이 쏟아졌다. 다행히 교수는 태연한 표정으로 헝클어진 머리를 매만진 후, 강의를 계속했고 카추차스 회원들은 언제나처럼 완벽한 알리바이를 가지고 있었다.

교수를 존경하지 않았던 것처럼 이들은 화가도 존경하지 않았다. 당시 바스콘셀로스로부터 예비학교의 벽화 작업을 의뢰받은 화가들은 카추차스의 완벽한 표적이 되었다.

"여기다 불을 지르면 불쌍한 화가와 그림은 어떻게 될까."

프리다는 사람이나 사물을 대하는 그들의 냉소적인 태도에 매료되었다. 그녀는 그들과 더불어 말장난을 즐겼으며, 신랄한 재담도 서슴거리지 않았다. 단순히 누군가를 골리거나 놀라게 해 주기 위한 장난이 아니라, 장난을 통해 기존의 모든 권위를 뒤집어엎는 것에 즐거움을 느꼈던 것이다.

프리다는 수업 준비를 안 해 오는 교사의 강의에는 출석하지 않는 것이 자신의 권리라고 생각했다. 수업을 빼먹을 때면 그녀는 교실 바로 밖에서 친구들에게 큰 소리로 책을 읽어 주곤 했다. 한번은 심리학 교수가 수면 이론을 설명하고 있었는데, 지루해진 그녀는 친구에게 쪽지를 돌렸다.

'읽고 나서 뒷면을 보고 뒤로 전달. 웃지 말 것. 웃으면 퇴학.'

쪽지 뒷면에는 교사를 잠자는 코끼리에 빗댄 그림이 그려져 있었다. 교실에 있던 아흔 명의 학생 중 웃음을 참을 수 있었던 사람은 아무도 없었다. 확인되지 않은 전설에 의하면 프리다는 퇴학을 당한 적이 있다고 한다. 퇴학 통고를 받은 그녀는 교육부 장관 바스콘셀로스에게 직접 항의서를 보냈다. 장관은 그녀의 복학을 명하면서 교장에게 말했다.

"어린 여자아이 하나 제대로 다루지 못한다면 교장 자격이 없네."

이 모든 소동에도 불구하고 프리다의 성적은 우수했다. 그녀는 교과서를 한 번 읽고 암기할 정도로 머리가 좋았다.

당시 카추차스 회원들의 아지트는 학교 근처에 있는 이베로 아메리카 도서관이었는데, 그들은 이곳에서 논쟁도 하고 연애도 하고, 숙제를 하거나 그림을 그리거나 책을 읽기도 했다. 누구도 말릴 수 없는 악동들의 무리였지만 그들의 독서열은 엄청났다. 그들은 줄기차게 읽고 또 읽었으며, 누가 더 좋은 책을 찾아내는지, 그 책을 누가 먼저 읽는지 경쟁했고, 읽은 것을 각색해서 연기했다. 그 결과 프리다는 문학과 철학의 수많은 고전들을 섭렵할 수 있었으며, 에스파냐어, 영어, 독일어까지 막힘없이 읽을 수 있게 되었다.

이 무렵, 예비학교 대강당인 볼리바르 원형극장에서는 〈창조〉라는 테마로 대형 벽화 작업이 진행되고 있었다. 이것을 맡고 있던 디에고 리베라는 멕시코 토착 문화에 기반을 둔 벽화주의 운동의 기수로서, 바스콘셀로스가 주도하던 멕시코 문화 부흥 운동의 선두주자로 떠오르는 인물이었다.

1886년 12월 8일 멕시코의 광산 도시 과나후아토에서 태어난 그는 산 카를로스 미술학교를 졸업한 뒤, 1909년 국가 장학금으로 유럽 유학을 떠났다. 스페인을 거쳐 파리에 도착한 그는 세잔의 그림을 보고 큰 충격을 받았으며, 1910년 일시 귀국했다가 1911년 다시 프랑스로 건너가 피카소, 브라크, 모딜리아니 등의 화가들과 교유하면서 큐비즘적(입체주의)인 그림에 몰두하는 한편, 이탈리아 르네상스 시대의 벽화를 연구하기 시작했다.

이때의 편력과 타고난 색채감각으로 자신만의 독특한 조형 언어를 창조해 냈다는 평가를 받고 있는 그는 1921년 영구 귀국 당시 이미 세계적으로 유명한 인물이었다. 개구리 같은 외모와 어마어마하게 뚱뚱한 몸매 때문에도 그는 가는 곳마다 사람들의 관심을 모았다. 풀 먹인 칼라에 검은 양복을 입고 중절모를 쓴 남자들 사이에서 카우보이모자와 넓은 허리띠, 검은 색의 커다란 광부용 장화를 착용한 그의 모습은 단연 눈에 띄었다. 이런 특이한 모습에도 불구하고 그에게는 사람들의 마음을 사로잡는 묘한 힘이 있었고, 특히 여자들에게 인기가 많았다.

프리다는 디에고만 보면 자주 장난을 쳤다. 작업 중에는 학생들의 원형극장 접근이 금지되어 있었지만, 그녀는 갖가지 방법으로 숨어들어가 그의 도시락에서 몰래 음식을 꺼내는가 하면, 계단에 비누칠을 해 놓고 기둥 뒤에 숨어서 지켜보기도 했다.

디에고가 작업을 하고 있을 때면 아름다운 모델들이 도시락 바구니를 들고 와서 그의 말동무가 되어 주었다. 당시 디에고의 연인이던 금발의 루페 마린과 미모로 유명한 화가 나위 올린이 그들이었다. 그때 원형극장에서 이루어졌던 디에고와 프리다, 프리다와 루페 마린의 첫 만남은 디에고의 자서전에 다음과 같이 묘사되어 있다.

어느 날 밤 나는 작업대 위에서 그림을 그리고 있었고, 루페는 밑에 앉아 뜨개질을 하고 있었다. 그때 커다란 고함 소리와 함께 대강당 문을 밀치는 소리가 들렸다. 갑자기 문이 활짝 열리며 겨우 열 살 내지 열두 살 정도로 보이는 여자아이가 뛰어 들어왔다.

그녀는 여느 고등학생과 똑같은 옷차림을 하고 있었지만, 그녀의 태도는 얼핏 봐도 남달랐다. 어딘지 모르게 위엄과 자신감이 있었고, 눈동자는 야릇한 빛을 뿜었다. 그녀는 아직 어린아이처럼 귀여웠으나, 어딘가 모르게 꽤 성숙한 분위기가 느껴졌다.

그녀는 나를 똑바로 쳐다보면서 "당신이 작업하는 모습을 보면 방해가 되나요?"라고 물었다. 나는 "천만에, 꼬마 아가씨. 오히려 영광이지"라고 대답했다.

그녀는 자리에 앉아서 말없이 나를 바라보았다. 그리고 나에게서 한 번도 눈을 떼지 않았다. 몇 시간이 지나자, 질투심에 불탄 루페는 여자아이를 나무라기 시작했다. 그러나 여자아이는 루페에게 신경 쓰지 않았다. 더 화가 난 루페는 뒷짐을 지고 뚜벅뚜벅 걸어가 여자아이를 쏘아보았다. 여

자아이는 표정만 굳어질 뿐 아무 반응도 보이지 않았다. 루페가 노려보자 여자아이 역시 말없이 루페를 노려보았다.

루페는 무척이나 놀란 눈치였고 오랫동안 눈을 부릅뜨고 그녀를 노려보았지만, 이윽고 미소를 지었다. 그리고는 나에게 말했다.

"저 애 좀 봐! 저렇게 어린애가 자기보다 크고 어른인 여자를 겁내지 않잖아. 난 왠지 저 애가 맘에 들어."

여자아이는 세 시간쯤 있다가 "안녕!"이라는 인사를 남기고 그 자리를 떠났다. 기둥 뒤에서 들려오는 목소리의 주인이 그녀였고, 그녀의 이름이 프리다 칼로라는 것을 알게 된 것은 그로부터 1년 후였다. 그러나 그때까지도 그녀가 나의 아내가 될 줄은 생각지 못했다.

예비학교 시절, 친구들과 아이스크림을 먹으며 서로의 장래 희망을 이야기하던 그녀가 놀라운 발언을 했다.

"내 꿈은 디에고 리베라의 아내가 되는 거야. 언젠가는 꼭 그에게 말할 거야."

친구들은 놀라서 그녀를 쳐다보았다.

"프리다! 그는 배가 나오고 불결한 데다 끔찍하게 못생긴 늙다리라구!"

프리다는 미소 지었다.

"아니, 그는 다정하고 친절한 데다 무척 현명하기까지 해."

디에고는 당시 멕시코 문화계에서 가장 중요한 인물 가운데 하나였고, 거구임에도 불구하고 여자들의 모성애를 자극하는 묘한 매력을 가지고 있었다. 또한 프리다에게는 위대한 남성을 무조건적으로 숭배하는 경향과 함께 결코 평범하게 살지 않겠다는 야심이 있었으며, 어떤 문제에 대해서나 남들보다 튀는 발언을 함으로써 주위의 이목을 끌고자 하는 프리다의 허영심도 있었다. 그 중에 어떤 이유 때문에, 혹은 그 모든 이유가 뒤섞인 어렴풋한 열망 때문에 프리다가 그런 말을 했을 가능성은 충분하다. 그러나 디에고를 자신의 남자로 만들고 싶다는 야망이 있었더라도 그것은 아직 먼 미래의 일이었고, 그 무렵 프리다 앞에는 그녀의 마음을 온통 앗아갈 만한 보다 직접적이고 실질적인 또 하나의 역사가 펼쳐지고 있었다. 바로 알레한드로 고메스 아리아스와의 사랑이었다.

　　강력한 카리스마를 지닌 뛰어난 연사로서 카추차스의 리더 역할을 하고 있던 알레한드로는 반듯한 이마와 부드러운 검은 눈동자, 귀족적인 콧날과 섬세한 입매를 갖춘 미남 청년이었다. 정치, 학문, 예술 어디에도 막힘이 없는 박학의 소유자로서 운동에도 탁월한 기량을 보였던 그는 나무랄 데 없는 매너와 섬세한 감수성을 지닌 세련된 신사이기도 했다.

　　프리다보다 몇 학기 앞선 1919년, 예비학교에 입학한 그는 잠시 그녀의 스승이었다, 친구였다 마침내 그녀의 연인이 되었다. 위대한 남자들에게 끌리는 성향이 있던 프리다가 그에게 매혹된 것은 자연스러운 일이었고, 그는 신선하고 꾸밈없고 순진하면서도, 열정적인 프리다의 모습에 매력을 느꼈다.

1923년 여름 두 사람은 사랑에 빠졌다. 냉소와 위악(僞惡)의 가면 뒤에 불구와 고독의 아픔을 얼음처럼 끌어안고 있던 프리다에게 한여름의 태양과도 같은 아름다운 첫사랑이 시작된 것이다. 프리다는 격렬하면서도 헌신에 찬 정열을 가지고 첫사랑의 환희 속으로 뛰어들었다. 방과 후면 그들은 멕시코시티의 오래된 거리를 걸으며 끝없는 얘기를 나누었고, 함께 야외 연주회나 영화관을 찾아다녔다. 시간은 그들만을 위해 흐르고 있었고, 타오르는 태양 아래 지상의 모든 것들이 온몸으로 생명의 기쁨을 노래하던 여름이었다.

알렉스에게

어제 저녁 7시에 당신의 편지를 받았어요. 그때 누군가가 나를 생각하고 있으리라고는, 더구나 알레한드로 박사가 나를 생각하고 있으리라고는 기대하지 못했는데 다행히도 잘못된 생각이었어요. 당신이 나를 진정한 친구로 생각해 주어서, 이전과 너무 다르게 대해 주어서 얼마나 기쁜지 몰라요. 당신은 나에게 내가 너무 뛰어나다든가, 또 당신보다 내가 훨씬 낫다는 이상한 말을 했는데, 왜 그런 말을 했는지 생각해 볼게요. 당신이 나에게 조언을 구한다면, 성심껏 답해 주고 싶은데 내 15년의 짧은 경험이 쓸모가 있다면 좋겠네요. 정말 마음만으로 충분하다면 내 보잘 것 없는 조언뿐 아니라 내 모든 것을 당신에게 주고 싶어요. 알렉스, 나에게 자주 그리고 긴 편지를 해 줘요. 길수록 좋아요. 그때까지 내 모든 사랑을 받아주길……

알렉스에게

어제 4시에 학교에 가지 못해서 정말 미안해요. 하지만 어머니가 멕시코 시티에 못 가게 했어요. 거기서 폭동이 있다는 말을 들으신 모양이에요. 게다가 다음 학기 등록도 못했고, 앞으로 무엇을 해야 할지도 모르겠어요. 부디 용서해 줘요. 내가 너무 무례하다 생각하겠지만 내 잘못이 아니었어요. 나는 하는 데까지 해 보았지만 어머니 때문에 어쩔 수가 없었어요.

내일 월요일 어머니께 (점토 조각) 모형 제작 시험이 있다고 둘러대고 멕시코시티에서 하루를 보내려고 해요. 하지만 아직 확실치는 않아요. 상황을 봐야 하니까요. 가게 되면 11시 30분에 레이에스 법률 학교 앞에서 만나요. 우리가 만나더라도 편지는 계속 보내 줘요. 당신이 안 쓰면 나도 안 쓸 거예요. 할 말이 없다면 그냥 백지 두 장만 보내요. 아니면 똑같은 말을 쉰 번씩 해 줘요. 그러면 적어도 당신이 나를 잊지 않았다는 것은 알 수 있을 테니. 따뜻한 키스와 내 모든 사랑을 보내며……

나의 알렉스에게

학교 등록 문제가 말썽이에요. 남학생 하나가 이번 등록은 이달 15일부터라고 말했고 한바탕 소동이 있었어요. 어머니가 상황이 나아질 때까지 등록을 하지 말라고 하니 멕시코시티에는 전혀 갈 수 없는 형편이에요. 동네에만 있어야 해요. 폭동에 대해 아는 소식 있나요? 나도 상황이 어떤지 짐작할 수 있게 무슨 말이라도 좀 해 줘요. 여기서는 점점 더 바보가 되어 갈 뿐이에요. 모두 당신 책임이에요. 당신은 신문을 읽으라고 하겠지만 너무 게을러서 그러지는 못하고 다른 책을 읽기 시작했어요. 동양 미술이 많이 나오는 크고 멋진 책을 발견했거든요.

나의 아름다운 연인이여, 이제 편지 쓸 종이도 다 떨어지고 바보 같은 이야기에 당신이 지루해할 테니 이만 작별을 고할게요. 편지해 줘요. 당신에게 무슨 일이 있는지 전부 말해줘요.

나의 알렉스에게

당신을 처음 본 순간부터 사랑했어요. 며칠 후, 다시 만날 때까지 당신의 작고 예쁜 여인을 잊지 말아요. 부탁이에요. 밤이면 너무 겁이 날 때가 있어요. 그럴 때 당신이 옆에 있으면 좋을 텐데. 그러면 겁도 덜 나고 예전처럼 나를 사랑한다는 말도 들을 수 있을 텐데. 당신은 지난 12월처럼 나를 사랑하나요? 나는 당신이 언제나 주머니에 넣고 다닐 수 있는 아주 작은 물건이 될래요. 알렉스, 빨리 편지해 줘요. 거짓말이라도 좋으니 나를 아주 많이 사랑한다고 말해 줘요. 나 없이는 못 산다고 말해 줘요. 나는 당신의 사랑, 당신의 여자, 당신이 원한다면 무엇이라도 좋아요.

프리다는 편지를 쓰고 또 썼다. 프리다의 부모가 그들의 관계를 허락하지 않았기 때문에 두 사람은 몰래 만나야 했다. 프리다는 집을 빠져 나가거나 학교에서 늦게 돌아오기 위해 온갖 핑계거리를 만들어 냈으며, 편지는 잠자리에서나 우체국에 서서 단숨에 쓰곤 했다.

프리다의 편지에는 사춘기 소녀에서 성숙한 여인으로 변모해 가는 그녀의 내면 풍경과, 자신의 감정을 솔직하게 표현하고자 하는 강렬한 충동이 생생하게 드러나 있다. 그녀의 편지들은 놀라울 정도로 감정에 충실하며, 솔직하고 충동적인 그녀의 성격을 여과 없이 보여 준다. 편지의 여백에다 그녀는 자신의 경험들을 재미있는 그림으로 그리고 웃는 얼굴, 우는 얼굴, 웃다가 우는 얼굴들을 수없이 그려 넣었다. 사랑을 증명하기 위해 그녀는 편지를 온통 키스로 채웠다. 때로는 서명 옆에 동그라미를 그리고 '오랫동안 나의 입술이 머문 자리' 라고 쓰기도 했다. 립스틱을 바르기 시작하면서 이런 설명은 필요 없게 되었지만, 그래도 그녀는 평생 동안 편지에 입술 자국을 찍고 둘레에 동그라미를 그려 넣는 것을 빼먹지 않았다.

프리다와 알레한드로는 1923년 12월부터 1924년 1월까지 떨어져서 지내야 했다. 예비학교의 방학 때문이기도 했지만, 그보다는 1923년 11월 30일에 오브레곤 대통령에게 반대하는 시위가 일어났기 때문이었다. 크리스마스 무렵에는 멕시코시티에서 교전이 있었다. 반란은 1924년 3월까지 계속되었고, 7천 명의 희생자를 내고서야 진압되었다. 프리다의 어머니는 딸에게 금족령을 내렸다. 프리다는 알레한드로에게 편지를 쓰는 일에서 유일한 위안을 찾았다. 그녀가 알레한드로에게 보낸 1925년 1월 1일자 편지에는 멕시코 부르주아 사회의 관습과 규범을 벗어나 낯선 땅에서 자유로운 공기를 호흡하고 싶어하는 그녀의 갈망이 잘 드러나 있다.

나의 알렉스.

답장해 줘요. 답장해 줘요. 답장해 줘요. 답장해 줘요. 답장해 줘요. 답장해 줘요. 답장해 줘요. 답장해 줘요. 답장해 줘요. 답장해 줘요. 답장해 줘요. 답장해 줘요……

오늘 11시에 당신의 편지를 받았지만 지금까지 답장을 쓸 수가 없었어요. 사람들에게 둘러싸여 있을 때는 편지를 쓸 수 없으니 이해해 줘요. 하지만 지금은 밤 10시고 혼자 있으니 내가 지금 무슨 생각을 하는지 당신에게 말하기 좋아요. 당신이 아니타 레이나 얘기를 했지만 나는 전혀 화나지 않아요. 화난 척도 안 할 거예요. 첫째, 그녀가 아주 예쁘고 아주 귀엽고, 커서도 예쁘고 귀여울 거라는 당신 말은 다 사실이니까. 둘째, 나는 당신이 지금 사랑하는 사람이나 옛날에 사랑했던(?) 사람들이라면 당신이 사랑한다는 바로 그 이유만으로 그들을 사랑하니까. 하지만 그렇더라도 내가 질투를 느끼는 건 당연한 거예요. 1925년에도 우리는 여전히 사랑하겠지요? 편지에 '사랑'이라는 단어를 자꾸 써서 미안해요. 벌써 다섯 번이나 쓰다니. 나는 지금 무척이나 감상적인 상태예요. 우리 미국 여행 계획을 신중하게 짜야 하지 않을까요? 올 12월에 가는 게 어떨까요? 당신도 그렇게 생각하죠? 12월에 가는 것에 찬성이면 찬성하는 이유, 반대면 반대하는 이유를 모두 말해 줘요. 당신이 정말로 갈 수 있는지도 말해 주고요. 왜냐하면 알렉스, 인생에서 뭔가를 한다는 건 좋은 일이잖아요. 평생 동안 멕시코를 떠나지 못한다면 바보가 되고 말 거예요. 내게는 여행보다 멋진 일은 없는 것 같아요. 지금 내가 말하고 있는 것을 실행할 수 있는 충분한 의지력이 없다고 생각하면 정말이지 괴로워요. 당신은 아니라고 말하겠죠. 의지력 말고도 돈이 있어야 한다고 하겠죠. 하지만 1년 동안 일해서 돈을 모으면 훨씬 더 쉬워지지 않겠어요? 그러나 사실 나는 이런 일은 잘 모르니 여행의 장점과 단점이 무엇인지 말해 주면 좋겠어요. 내가 말한 모든 것이 사상누각일 뿐이라면 당장 환상에서 벗어나는 것이 좋을 테니까요.

어젯밤 12시에 알렉스 당신을 생각하고 있었어요. 당신은요? 당신도 내 생각을 했나 봐요. 왼쪽 귀가 울렸거든요. 참, 당신도 '새해에는 새로운 생활'이라는 말을 알죠? 그런 의미에서 이제 당신의 작은 여인은 7킬로그램짜리 말괄량이에서 벗어날래요. 그 대신 당신이 한 번도 본 적 없는 우아하고 성숙한 여인이 되겠어요. 당신의 프리다는 당신을 사모해요.

프리다는 1년 동안 일해서 미국행 여비를 모으자고 했지만, 사실은 돈을 벌어 가족의 생계에 보태야 했다. 그 사이 칼로 집안의 형편이 더욱 나빠졌기 때문이다. 아버지의 사진관 일을 돕는 것 말고는 일자리

를 찾기가 쉽지 않았으므로 그녀는 일자리를 얻기 위해 올리버 아카데미에서 속기와 타자를 배웠다. 그리고 약국과 목재소의 회계를 거쳐 교육부 도서관에서 얼마간 일하다가 아버지의 친구이자 상업적으로 성공한 판화가인 페르나르도 페르난데스의 유급 조수로 취직했다.

명문 국립예비학교의 학생으로서 멕시코 최고의 청년 엘리트들과 문학, 철학을 논하며 청춘의 혈기를 발산하던 소녀에게 가난은 적지 않은 시련이었을 게 분명하다. 그러나 불꽃 같은 정열과 강철 같은 의지를 타고난 프리다에게 그것은 아직 충분한 시련이 아니었다.

무수히 상처받았지만 결코 날개를 접을 줄 모르는 작은 새를 위하여 신은 더욱 끔찍한 시험을 예비해 두고 있었다.

1925년 9월 17일 운명의 그날, 신은 그녀를 도자기 인형처럼 내동댕이치고 짓부수고 망가뜨렸다. 그 부서진 조각들을 추슬러 그녀가 다시 일어설 수 있다면, 그것은 신의 영광이 아니라 인간 프리다의 위대한 승리였다.

4. 운명의 날

하늘은 흐렸지만 프리다의 가슴은 날아갈 듯 부풀어 있었다. 알레한드로는 다정하고 친절했으며, 거리의 상점들은 활기가 넘쳤다. 바로 전날이 멕시코 독립 기념일이었기 때문에 광장 여기저기에는 축제의 흔적이 그대로 남아 있었다. 두 사람은 손을 맞잡고 소칼로 구역을 한가하게 기웃거렸다.

모처럼의 데이트였다. 오후가 되면서 가는 비가 내리기 시작했지만 프리다는 개의치 않았다. 헤어질 시간이 다가온다는 게 안타까울 뿐 머리가 젖는 것쯤은 문제되지 않았다.

프리다의 아쉬움을 달래 주려는 듯 알레한드로가 노점에서 예쁜 발레로(멕시코 인형)를 사 주었다. 프리다는 그의 선물이 마음에 쏙 들었다. 당시 멕시코시티 사람들 사이에선 새로 생긴 버스가 인기였다. 버스는 소칼로에서 코요아칸까지 수도를 사방으로 가로질러 다녔고 전차보다 훨씬 속도가 빨랐기 때문에 대환영을 받았다. 프리다와 알레한드로는 버스를 타고 귀가하기로 했다. 산뜻하게 페인트칠을 한 버스가 두 사람 앞에 멈추었다. 다행히 그들은 뒤쪽에 나란히 자리를 잡을 수 있었다.

"운이 좋은데?"

알레한드로가 프리다에게 윙크를 하며 말했다. 버스는 투우사처럼 기세 좋게 내달렸다. 버스가 쿠아우테모친 모퉁이의 마이오 5번가에 정차했다가 칼사다드트랄판 쪽으로 커브를 트는 순간, 전차가 갑자기 모습을 나타냈다. 전차는 브레이크가 고장 난 것처럼 천천히, 멈추지 않고 버스 쪽으로 다가왔다.

버스에 올라타고 얼마 후에 충돌이 있었다. 우리는 원래 다른 버스를 탔었는데, 내가 양산을 두고 오는 바람에 그 버스를 타게 된 것이었다. 사고는 산후안 시장 바로 앞 모퉁이에서 일어났다. 전차는 천천히 달렸지만, 내가 탄 버스의 운전사는 과민한 젊은이였다. 전차는 모퉁이를 돌면서 버스를 벽에다 밀어붙였다.

나는 상황을 제대로 가늠할 수 없었고, 내가 얼마나 다쳤는지도 알아차릴 수 없었다. 맨 먼저 떠오른 것은 알레한드로가 선물한 예쁜 발레로였다. 나는 인형을 찾으면서 사고가 별것 아니라고 생각했다. 교통사고를 당했을 때 충격을 느낀다는 것은 거짓말이다. 운다는 것도 거짓말이다. 눈물은 나지 않았다. 충돌하면서 나는 앞으로 튕겨져 나갔고, 난간에 찔렸다. 내가 피를 많이 흘리는 것을 보고 누군가가 나를 당구대 위에 뉘웠다. 적십자 병원에서 사람이 왔다.

프리다의 회고에 알레한드로가 설명한 내용을 덧붙여 보면 사고 당시의 정황을 더욱 자세히 그려 볼 수 있다.

두 칸짜리 전차가 천천히 버스를 향해 다가오다가 버스의 가운데 부분을 들이받았다. 전차는 천천히 버스를 밀었다. 버스는 이상하게도 탄력이 있었다. 조금씩 구부러지다가 얼마 후에 부서졌다. 긴 의자가 양쪽으로 마주 보고 있는 버스였다. 어느 순간 내 무릎이 건너편 사람의 무릎에 닿았다. 나는 프리다 옆에 앉아 있었다. 버스는 탄성이 한계에 달하자 산산조각이 났다. 전차는 멈추지 않았다. 많은 사람들이 전차에 치었다. 나는 전차 밑에 깔렸다. 프리다는 보이지 않았다. 전차의 철제 난간이 부러져 프리다의 골반 부위를 수평으로 관통했다. 나는 간신히 전차 밑을 빠져나왔다. 타박상 뿐 다친 데는 없었다. 당연히 제일 먼저 프리다를 찾았다.

이상한 일이었다. 프리다는 완전히 발가벗고 있었다. 충돌하면서 옷이

벗겨진 것이다. 승객 중에 금가루가 든 페인트 통을 들고 있던 사람이 있었는데, 그 통이 깨지면서 피투성이가 된 프리다의 몸 위로 페인트가 쏟아졌다. 사람들은 프리다를 보면서 "발레리나! 발레리나!"라고 소리쳤다. 금가루로 덮인 채 붉은 피를 흘리는 것을 보고 무용수라고 생각한 것이었다. 그녀를 안아 올린 나는 프리다의 몸에 철근이 박힌 것을 보고 공포에 질렸다. 누군가가 "빼야 한다"라고 말하면서 그녀의 몸에 무릎을 대고 "빼자!"라고 소리쳤다. 그가 철근을 뽑아내자 그녀는 비명을 질렀다. 비명 소리는 적십자 병원 구급차의 사이렌 소리보다 더 크게 들렸다. 구급차가 오기 전에 프리다를 당구대 위에 눕히고 겉옷을 벗어서 덮어 주었다. 그녀가 금방이라도 죽을 것만 같았다. 사고 현장에서 두세 명이 숨졌고, 병원으로 옮겨진 후 죽은 사람도 있었다. 구급차가 와서 그녀를 병원으로 실어갔다. 병원은 사고 지점에서 불과 몇 블록 떨어진 산헤로니모 거리에 있었다. 프리다의 상태는 대단히 심각했다. 의사들은 그녀를 살려 낼 수 있을 거라고 생각지 않았다. 그들은 프리다가 수술을 받다가 죽을 것이라고 생각하는 것 같았다. 이것이 그녀의 첫 수술이었다. 수술 후 한 달간은 그녀가 살 수 있을지 없을지 아무도 몰랐다.

그녀는 요추 세 군데와 세 번째, 네 번째 갈비뼈, 쇄골이 부러졌다. 오른쪽 다리 열한 군데에 골절상을 입었고, 오른발은 탈구되고 으깨졌다. 왼쪽 어깨는 관절이 빠졌고, 골반 세 군데가 부러졌다. 의사들은 몽타주 사진을 제작하듯 프리다의 몸을 조립해야 했다. 새처럼 지저귀며 도심의 거리를 쏘다니던 활달한 소녀는 이제 온몸을 석고 붕대로 둘둘 감고 병원 침대에 붙박인 신세가 되었다.

의식이 돌아오자 프리다는 가족을 찾았다. 그러나 부모님은 올 수가 없었다. 어머니는 충격으로 한 달 동안 말을 하지 못했으며, 아버지는 상심한 나머지 병이 났다. 둘째 언니 아드리아나는 결혼해서 친정 근처에 살고 있었는데, 사고 소식을 듣고는 너무 놀라 기절해 버렸다. 프리다의 가족 중에서 소식을 듣고 즉시 달려온 사람은 큰 언니 마티타뿐이었다. 마티타는 신문에서 사고 기사를 읽고 곧바로 병원으로 달려왔다. 아직 어머니가 그녀를 용서하지 않고 있을 때라 가족을 만날 수 없었던 마티타는 동생을 도와줄 기회가 생긴 것을 고맙게 생각했다. 집이 병원 가까이 있었기 때문에 그녀는 매일 찾아올 수 있었다. 성품이 따뜻하고 유머 감각이 뛰어났던 그녀는 사고의 충격에서 벗어나지 못하고 있던 프리다에게 큰 위안이 되어 주었다.

카추차스 회원들을 비롯한 친구들도 번갈아 그녀를 보러 왔다. 그러나 마티타와 친구들이 돌아가고 혼자 있는 시간이면 프리다는 시시각각 엄습해 오는 끔찍한 기억에 시달려야 했다.

병원은 오래된 수녀원 건물을 개조한 것으로, 병실은 어둡고 횡뎅그렁했다. 그 썰렁한 병실의 높은 천장에 사고 당시의 아비규환이 파노라마처럼 펼쳐지는 것이었다. 벌거벗겨진 몸에 뿌려진 황금색 페인트와 붉은 피, 전차 주위에 널려 있던 사람들의 소지품과 피 묻은 팔다리… …. 프리다는 알레한드로에게 보내는 편지에 '죽음이 밤마다 나의 침대 주위를 돌면서 춤을 춘다'고 적었다.

사고 이후, 알레한드로는 집 밖으로 나오지 못하고 있었다. 그는 타박상이라고 말했지만 그가 입은 상처는 그 이상이었다. 프리다는 팔을 움직일 수 있게 되자, 자신의 감정과 회복 상태를 자세히 적은 편지를 알레한드로에게 보내기 시작했다.

내 사랑 알렉스

내가 이 더럽고 불결한 병원에서 얼마나 상심하고 있는지 당신은 누구보다 잘 알 거예요. 상상만으로도 알 수 있고, 또 친구들이 당신에게 병원에 대해 말해 줬을 테니까요. 모두가 나에게 절망하면 안 된다고 말하지만, 석 달 동안 누워만 있는 게 어떤 일인지는 겪어 보지 않고서는 아무도 모를 거예요. 이리저리 돌아다니는 것을 좋아하던 내가 석 달 동안 누워만 있어야 한대요. 하지만 어쩔 수 없지요. 대머리(죽음을 빗댄 말, 여기에 프리다는 해골을 그리고 그 위에 가위표 모양으로 대퇴골을 그렸다)가 나를 데려가지 않았으니. 그렇죠?

그 날과 그 다음 날, 당신 소식을 몰라서 얼마나 안타까웠는지 몰라요. 수술이 끝나고 살라스와 올메도가 왔었어요. 그들이, 특히 올메도가 와 주어서 얼마나 좋던지! 당신의 안부를 물었더니 통증이 있지만 심하지는 않다고 했어요.

나의 알렉스, 내가 당신 때문에 얼마나 울었는지 당신은 모를 거예요. 아파서 울기도 했어요. 치료받을 때 내 손은 백짓장 같았고 통증 때문에 땀이 났거든요. 대퇴부 앞쪽으로 심각한 관통상을 입었으니 여생을 폐인으로 살거나 아니면 죽겠구나 생각했지만, 이제는 모두 지나간 일이 되었어요. 상처 하나는 이미 아물었고, 의사 말로는 다른 상처도 곧 아물 거라고 해요. 내 상태는 들어서 알고 있겠지요?

배가 고파 죽겠어요. 내가 전에 말한 그 구역질나는 이상한 음식밖에는 아무 것도 먹을 수가 없어요. 올 때 초콜릿 케이크랑 알사탕, 발레로를 가져다주세요. 우리가 그날 잃어버린 인형과 똑같은 것으로요. 나는 이 병원에 보름 정도 더 있게 될 거예요. 당신의 고우신 엄마와 알리시아(알레한드로의 여동생)도 잘 있지요?

– 실처럼 말라버린 당신의 친구

(여기에 프리다는 자기를 막대기 모양으로 그렸다.)

프리다는 사고 후, 정확히 한 달 만인 10월 17일 적십자 병원에서 퇴원했다. 모든 의사들이 고개를 가로저었던 처음의 상태를 생각하면 그녀의 생명력은 가히 기적이라 이를 만한 것이었다. 그녀는 단순히 살아남은 것이 아니라 죽음으로부터 삶을 쟁취했다.

나의 알렉스에게

토요일 1시에 돌아왔어요. 살리타스가 나의 퇴원 소식을 전했겠죠. 사람들은 나를 아주 천천히 옮겼지만 염증이 심해서 이틀 동안 앓았어요. 적십자 병원에서 나를 치료했던 디아스 인판테 박사는 내가 위험한 고비는 넘겼고 호전될 거래요. 그러나 스무 살인데 루나 여사(프리다를 치료한 의사의 이름으로, 프리다는 '월경'의 암호로 사용하고 있음)가 찾아오지 않는 것은 심각한 일이래요. 의사는 내가 팔을 펼 수 없을지도 모른대요. 관절에는 이상이 없는데 힘줄이 심하게 수축되어 팔을 앞으로 움직일 수가 없어요. 팔을 펴려면 아주 천천히 움직여야 하고 마사지를 충분히 받고 뜨거운 물로 오랫동안 찜질을 해야 해요. 얼마나 아픈지 몰라요. 사람들이 팔을 당기며 시험해 볼 때마다 한참씩 눈물을 흘려요. 발도 너무 아파요. 완전히 으깨졌잖아요. 또 다리 전체가 끔찍하게 쑤시는데 얼마나 성가신지 몰라요. 하지만 쉬고 나면 뼈가 아물고 차차 걸을 수도 있대요.

당신은 잘 지내나요. 당신이 얼마나 아픈지 정확히 알고 싶어요. 병원에 있을 때는 남자아이들에게 물어 볼 수 있었는데 지금은 그 애들을 보기가 훨씬 더 어려워요. 그 애들이 우리 집에 오고 싶어 하는지도 알 수 없고, 당신은 오고 싶어 하지 않는 것 같고……. 당신이 오지 않는 것은 내 인생에서 가장 슬픈 일이에요. 일요일에 남자아이들과 같이 와도 좋고 아무 때나 오고 싶을 때 오면 돼요. 나쁜 사람 같으니……. 입장을 바꿔 놓고 생각해 봐요. 나는 다섯 달 동안이나 비참하게, 게다가 지루하게 지내야 하는데,

나이 든 아줌마들이 나를 보러 와 주거나 동네 남자아이들이 내가 살아 있음을 이따금 기억해 주는 것 말고는 나 혼자뿐이라고요.

……곧 당신이 온다고 믿어도 되지요? 발레로와 사탕 가져오는 것 잊으면 안 돼요. 곁에 있는 사람들에게 안부 전해 줘요. 그리고 내가 집에 있다는 이유만으로 나를 잊어버리는 심술쟁이가 되지 말라고 남자아이들에게 전해 줘요.

이어지는 편지에서도 프리다는 알레한드로에게 거듭 자신을 찾아와 줄 것을 부탁했다. 그러나 알레한드로는 오지 않았다. 아마도 그 무렵 그는 프리다와 페르난데스의 연애 사건을 알게 된 것 같다. 판화가 페르난데스는 프리다에게 스웨덴 인상과 안데르스 소른의 판화를 베끼게 하면서 그림 그리는 방법을 가르쳐 주었고, 그녀에게 엄청난 재능이 있음을 발견했다. 그것에 대한 보답으로 프리다가 잠시 그와 연애를 했다는 소문이 돌았다. 소문이 과장되었다 하더라도 어쨌든 뭔가 사건이 있었고, 그것을 이해할 수 없었던 알레한드로는 배신감을 느꼈다. 프리다의 편지들은 여전히 유머와 쾌활함을 가장하고 있었지만 그녀는 사랑을 잃게 될지도 모른다는 두려움을 느꼈고, 점점 더 절박하게 그에게 매달렸다.

어쨌거나 알레한드로가 마음을 열지 않는 한, 프리다는 기다리는 수밖에 없었다. 몸의 고통도, 마음의 고통도 그저 참고 견디는 수밖에 없었다. 이제 고통과 인내는 그녀 삶의 주제가 되었다. 1925년 12월 5일의 일기에 '유일한 희소식은 이제 내가 참는 데 익숙해졌다는 것이다'라고 그녀는 적고 있다.

사고 후, 석 달이 흘렀고 다행히 회복은 놀라울 정도로 빨랐다. 12월 26일자 편지에 그녀는 '다음 주 월요일부터 일을 시작한다'고 적었다. 1925년 가을에 기말 시험을 보지 못했기 때문에 그녀는 다음 학년 등록을 할 수 없었다. 뿐만 아니라 상당한 액수가 병원비로 청구되었고 가족들에겐 돈이 없었다. 이즈음 알레한드로와의 사이는 더욱 나빠졌고, 격렬한 싸움을 할 때도 있었다. 알레한드로는 편지로 그녀가 헤프다고 비난했고, 그녀는 그의 비난을 인정했다.

"그래요. 여러 명에게 사랑한다고 말했고, 여러 명과 만나고 키스도 했어요. 하지만 내가 진정 사랑한 것은 당신뿐이에요."

사랑의 아픔이 가슴을 할퀴었지만 그녀는 견뎌야 했고 살아야 했다. 이제 그녀 곁에 남아 있는 유일한 것은 그림이었다.

"나는 죽지 않았어요. 게다가 나는 살아야 할 이유가 있어요. 그건 바로 그림이에요."

프리다가 그림을 그리기로 결심한 것은 병원에서 퇴원한 직후였다. 종일 침대에 누워 지내야만 하는 생활의 고통과 지루함을 이겨내기 위한 고독한 의지의 소산이었다. 그녀는 어머니에게 자신의 결심을 알렸다. 어머니는 그녀의 침대 위에 일종의 닫집을 만들고, 천 개의 거울을 붙여 프리다가 자신을 모델 삼아 그림을 그릴 수 있도록 해 주었다. 프리다의 작품들에 등장하는 바로 그 침대와 거울이었다.

프리다는 미술사 학자 안토니오 로드리게스에게 그때의 이야기를 들려 주었다.

"예전부터 아버지의 조그마한 사진관 구석에는 유화 물감 상자와 붓통으로 쓰이는 낡은 꽃병과 팔레트가 있었습니다. 아버지는 순전히 취미로 코요아칸의 강가에서 풍경화나 정물화를 그리거나 판화를 베꼈습니다. 어렸을 때부터 나는 물감 상자에 (흔한 말로) 눈독을 들였습니다. 왜 그랬는지는 모르겠어요. 오랫동안 아팠다는 이유로 나는 아버지에게 물감을 달라고 졸랐습니다. 아버지는 아픈 동생에게 장난감을 빼앗기는 소년처럼 물감을 빌려 주었습니다. 어머니는 목수에게 특수 이젤을 주문해 주었고, 누워서 그림을 그릴 수 있도록 이젤을 침대에 설치해 주었습니다. 이렇게 해서 그림을 시작했습니다."

프리다가 처음으로 완성한 작품은 〈붉은 옷을 입은 자화상〉이었다. 알레한드로의 마음을 되돌리기 위한 선물로 그려진 이 작품에서 그녀는 고통으로 창백해진 얼굴을 강조하는 어두운 보랏빛 배경 위에 몹시 연약한 모습으로 앉아 있다. 포도주처럼 붉은 벨벳 드레스는 여성스러움을 표현하고, 긴 목과 젖꼭지가 살짝 내비치는 부드러운 가슴선은 연약함을 암시한다. 뒤쪽에 펼쳐진 어두운 바다와 하늘로 인해 그녀는 더욱 고독해 보인다. 그녀의 오른손은 누군가 잡아 주기를 바라는 듯 앞으로 살짝 내밀어져 있는데, 설사 프리다에 대한 알레한드로의 애정이 완전히 식어버렸다 해도 그 손을 거부할 수는 없을 것 같았다. 프리다는 그림 아래쪽에 독일어로 '오늘도 여전히 힘들다' 라고 적어 넣었다.

그림의 완성을 앞둔 1926년 9월 28일, 프리다는 알레한드로에게 편지를 썼다.

'며칠 내로 초상화가 배달될 거예요. 액자에 넣지 못해 미안해요. 나를 보듯 볼 수 있게 낮은 곳에 걸어 주길……'

선물은 알레한드로를 감동시켰고, 두 사람은 화해했다. 알레한드로가 독일 유학을 떠나기 전까지, 적어도 표면적으로는 두 사람 사이에 평온한 나날이 이어졌다.

그즈음 프리다는 의사로부터 평생 아이를 가질 수 없을 것이라는 말을 들었다. 그녀가 당했던 사고의 심각성에 비추어 보자면 사실 이미 예고된 운명이라고 해야 할 일이었지만, 사랑을 갈망하는 한 여성으로서 그것은 감당하기 힘든 좌절감을 느낄 수밖에 없는 소식이었다. 프리다는 영원히 태어나지 않을 아이를 위해 음울한 조소로 가득한 문서 한 통을 작성했다.

레오나르도는

서기 1925년 9월

적십자 병원에서 태어나

다음 해 코요아칸에서 세례를 받았다.

그의 어머니는

프리다 칼로였으며,

이사벨 캄포스와

알레한드로 고메스 아리아스가

그의 대부모였다.

　정신적인 고통에 육체의 고통이 뒤따랐다. 병마는 그녀를 완전히 떠나간 것이 아니었다. 다시 움직일 수 있고 걸을 수 있게 된 것을 '회복'이라 표현했지만, 1925년부터 세상을 떠나는 날까지 사실 그녀는 날마다 죽어가고 있었다.

　그녀의 뼈는 계속 망가지고 있었다. 어린 시절부터 1951년까지, 프리다의 병력(病歷)을 기록한 서류를 보관해 온 오랜 친구 올가 캄포스에 따르면, 프리다는 사고 이후 세상을 떠날 때까지 29년 동안 적어도 32회의 외과 수술을 받았고, 그 대부분이 척추와 오른발 수술이었다.

　사고 후, 1년 만에 처음으로 상처가 재발했다. 골격 전문 외과 의사들은 그녀의 척추 세 대가 어긋난 것을 발견했다. 사고 당시 적십자 병원 의사들이 그녀를 퇴원시키면서 척추 검사를 소홀히 한 탓이었다.

그녀가 치료를 제대로 받지 못한 것은 집안 형편이 어려웠기 때문이었다. 그리고 형편이 나아진 뒤에는 이미 치료가 소용이 없었다.

프리다는 다시 석고 깁스를 하고 침대에 붙박이는 몸이 되었고, 1927년 3월, 알레한드로는 유럽으로 떠났다. 그는 여행도 하고 독일어 공부도 하면서 몇 달 동안 유럽에 머무를 계획이었다. 그것은 우연한 계획이 아니었다. 알레한드로의 부모는 아들이 방탕하고 불손하며 게다가 불구가 된 처녀와 교제하는 것을 못마땅하게 생각했다. 알레한드로 자신도 나날이 집착이 더해 가고 요구가 많아지는 프리다로부터 벗어나고 싶은 마음이 없지는 않았을 것이다.

둘 사이에 어떤 우여곡절이 있었든 간에 알레한드로는 프리다에게 깊은 애착을 느끼고 있었다. 또 그가 평생 동안 계속된 우정을 가지고 그녀를 돌봐 준 것도 사실이었다. 그러나 프리다의 연애 사건과 당시 그녀의 건강 상태를 생각하면 그가 그녀에게 거리를 두고 싶어 했을 것이라 짐작하는 것은 어려운 일이 아니다.

알레한드로는 말없이 멕시코를 떠났다. 작별 인사가 두 사람 모두에게 힘든 일이라는 걸 알고 있었기 때문이었다. 대신 그는 독일에서 편지를 보내, 외과 수술을 받게 된 이모 곁에 있어 줄 사람이 필요해서 갑자기 멕시코를 떠나와야 했다는 핑계를 댔다. 그는 7월에 온다고 했지만 11월까지 돌아오지 않았다. 프리다는 날마다 국제 우편을 보냈다. 편지에서 그녀는 애절하게 자신의 고통을 호소했다. 연민이 사랑보다 강하다는 것을 그녀는 알고 있었다. 그러나 두 사람 사이에 가로놓인 거리만큼이나 연인의 마음이 자신에게서 멀어지고 있음을 느낀 그녀의 편지는 차츰, 어쩔 수 없이, 체념의 빛을 띠어갔다.

당신이 돌아올 때쯤이면 난 당신이 원하는 어떤 것도 줄 수 없겠지요. 그때는 불행히도 내가 애교 부리는 어린아이가 아니라 완전히 쓸모없는 어린아이가 되어 있을 테니까……. 내 인생 전체가 당신 속에 있어요. 하지만 난 결코 그 인생을 소유할 수 없겠지요.

알레한드로는 11월에 돌아왔고, 그때까지 프리다를 잊지 않고 있었다. 그녀를 잊을 수는 없었다. 여행의 목적이 그녀와 헤어지기 위한 것이었다 하더라도, 그녀를 마음에서 완전히 몰아낸다는 건 불가능한 일이었다. 그러나 그들의 관계가 예전 같을 수도 없었다. 알레한드로는 학교 일에 바빴고, 프리다는 더욱 그림에 빠져들었다. 두 사람 사이는 점점 더 멀어졌다.

그 한두 해 사이에 기예르모 칼로가 찍은 프리다의 사진은 그녀가 더 이상 어린 소녀가 아니라는 것을 보여 준다. 유행과는 동떨어진 이상한 비단옷을 입은 사진과, 남장을 하고 한 손을 주머니에 찔러 넣은 채 다른 한 손으로 지팡이를 만지작거리는 사진. 사진들 속에서 그녀는 초연한 듯 우울한 눈빛으로, 흔들림 없이, 카메라를 응시한다. 그것은 그 후 그녀의 많은 자화상에 나타나게 되는 눈빛이었고, 여러 개의 가면 뒤에서 그녀가 세상과 인생을 바라보았던 한결같은 눈빛이었다.

어쩌면 혁명은 필사적으로 출구를 찾던 그녀 앞에 열린 또 하나의 비상구였을지도 모른다. 사고를 당하기 전까지, 프리다는 혁명의 이념과는 무관한 삶을 살았다. 카추차스 회원들도 정치에는 별 관심이 없었다. 그녀가 혁명을 묘사한 국내외 작가들의 문학 작품을 탐독하기 시작한 것은 회복기의 기나긴 병상에서였다.

상처가 재발하고, 코요아칸의 방 안에 갇혀 고독과 맞서 싸우면서, 그녀는 혁명의 세계에 한걸음 더 다가서게 되었다. 신문과 잡지를 통해 그녀는 오브레곤과 카예스의 권력 투쟁, 대중 세력에 대한 탄압, 판초 비야의 암살과 학생운동 등 바깥 세계에서 일어나고 있는 놀라운 사건들에 대해 알게 되었다. 그녀는 특히, 러시아 혁명과 중국의 신해 혁명에 관한 기사를 열심히 찾아 읽었다.

1928년 1월, 프리다는 국립예비학교에서 함께 공부했던 헤르만 데 캄포의 소개로 공산주의 소모임에 가입했다. 그 모임에는 쿠바 망명객인 훌리오 안토니오 메야와, 뒷날 그의 연인이 된 이탈리아 출신의 매력적인 사진작가이자 여류 공산주의자인 티나 모도티가 있었다. 독재자 마차도의 끈질긴 정적으로, 타고난 웅변가이자 낭만적 기질의 미남이었던 훌리오 안토니오 메야는 멕시코 혁명운동에 합류해서 〈마체테〉에 글을 기고했으며, 공산당 서기장이 되었다. 1929년 1월 10일, 마차도의 하수인에 의해 거리에서 암살당한 그가 티나의 품에 안겨 숨을 거두면서 마지막으로 남긴 말은 '나는 혁명을 위해 죽는다' 였다.

이제는 대학생이 된 예비학교 시절의 친구들과 함께 티나와 메야의 열성적인 사도(使徒)가 된 프리다는 티나처럼 검은 치마와 검은 블라우스를 입고, 티나가 선물한 낫과 망치 모양의 핀을 꽂고, 멤버들이 주로 모이는 장소인 티나의 집을 부지런히 드나들었다. 그러나 당시 프리다가 공산주의 이념에 완전히 빠져든 것은 아니었고, 그것은 그 후에도 마찬가지였다. 그보다 그녀의 마음을 끈 것은 티나의 눈에서 읽을 수 있는 사랑의 고뇌, 웨스턴이 찍은 사진들 속에서 볼 수 있는, 거리낌 없이 벌거벗은 몸과 얼굴의 진지하면서도 관능적인 아름다움, 민중을 위해 예술을 바친 젊은 여류 혁명가의 열정 같은 것이었다.

프리다는 그런 이미지들을 통해 고통과 고독에서 벗어날 수 있기를 바랐다. 단지 고통과 고독에서 벗어나는 것, 어쩌면 그것이야말로 당시 그녀의 가장 절실한 소망이었을지도 모른다. 그러나 그 모든 이유에 앞서, 그녀가 그토록 열심히 티나의 집을 드나들었던 것은, 적어도 프리다의 인생에서는 혁명보다 훨씬 더 운명적인 주제가 될 한 사람이 바로 그곳에 있었기 때문이었다.

5. 코끼리와 비둘기

프리다와 디에고의 두 번째 만남이 티나 모도티의 집에서 이루어졌을 가능성은 다분하다. 그러나 두 주인공이 기억하는 또 다른 일화는 이 로맨스의 보다 드라마틱하고 흥미진진한 측면을 보여 준다.

디에고 리베라는 자서전 《나의 인생, 나의 예술》에서 이렇게 기술하고 있다.

쿠에르나바카로 떠나기 직전 내 인생 최고의 사건이 일어났다. 교육부 건물 벽화를 그리고 있을 때였다. 갑자기 한 소녀가 나를 향해 "디에고, 좀 내려와 보세요! 중요한 문제를 상의하고 싶어요!"라고 소리쳤다. 나는 작

업대 아래를 내려다보았다. 바닥에는 열여덟 살 정도 되는 소녀가 서 있었다. 그녀의 몸은 아름다우면서도 불안했고 얼굴은 섬세했다. 머리가 길었고, 숱이 많은 짙은 색 눈썹이 콧등에서 맞붙어 있었는데 마치 지빠귀 날개처럼 보였다. 예사롭지 않은 갈색 눈을 검은 날개가 둥글게 감싸고 있었다.

내가 작업대를 내려오자 그녀는 말했다.

"나는 놀러 온 것이 아닙니다. 나는 먹고살기 위해 일을 해야 합니다. 그림을 그렸는데, 전문가의 입장에서 봐 주시기 바랍니다. 정말로 솔직한 의견이 필요합니다. 허영심을 채우기 위해 그림을 그릴 만한 여유는 없으니까요. 좋은 화가가 될 가능성이 있는지 당신의 생각을 듣고 싶습니다. 그림 석 점을 가져왔어요. 함께 가서 봐 주시겠어요?"

나는 그녀를 따라 계단 밑 창고로 갔다. 그녀는 내가 잘 볼 수 있도록 벽에 그림을 세워 놓았다. 여자 초상화 세 점이었다. 나는 금세 감동을 받았다. 그림에는 흔치 않은 표현력과 정확한 성격 묘사와 진정한 엄격함이 드러나 있었다. 야심만만한 초보자는 독창성이라는 미명 하에 기교를 부리는 경우가 많지만, 그녀의 작품은 전혀 그렇지 않았다. 그녀의 그림에는 형태의 근원적 솔직함과 예술적 개성이 있었다. 그림에서 전해지는 생생한 관능미는 무정하고 민감한 관찰력으로 완성되었다. 그녀는 내 얼굴에 나타난 흥분을 눈치 챈 것 같았다. 그녀는 내가 미처 말을 꺼내기도 전에 이렇게 경고했다.

"나는 칭찬을 들으러 온 것이 아닙니다. 진지한 비평을 들으러 왔습니다. 나는 미술 애호가도 아니고 아마추어도 아닙니다. 나는 다만 먹고살기 위해 일을 해야 하는 여자일 뿐입니다."

나는 이 소녀에게 깊은 존경심이 생겼다. 그녀를 마음껏 칭찬하고 싶었지만 억지로 참았다. 그렇다고 완전히 거짓말을 할 수도 없었다. 나는 그녀의 태도에 당황했다. 나는 그녀에게 물었다.

"왜 나의 판단을 믿지 않나? 나의 판단을 알기 위해 온 것이 아닌가요?"

그녀는 대답했다.

"당신 친구들이 당신 말을 곧이곧대로 믿으면 안 된다고 했습니다. 당신의 의견을 물어 본 사람이 여자이고 아주 못생기지만 않았다면, 당신은 그녀가 듣고 싶은 말을 해 준다고 하더군요. 한 가지만 말씀해 주세요. 정말로 내가 그림을 계속 그려야 할까요? 아니면 다른 일을 찾아볼까요?"

나는 즉시 대답했다.

"내 생각에 당신은 어떠한 어려움이 닥쳐도 그림을 계속해야 해요."

"그렇다면 당신의 충고를 따르겠어요. 한 가지 부탁이 더 있어요. 다른 그림도 봐 주시면 좋겠어요. 다음 주 일요일에 우리 집에 와서 그림을 봐 주실 수 있으세요? 나는 코요아칸 론드레스 거리 126번지에 살아요. 내 이름은 프리다 칼로예요."

그녀의 이름을 듣는 순간 내 친구 롬바르도 톨레다노가 국립예비학교 교장으로 있을 때, 프리다 칼로라는 여자아이가 다루기 힘들다며 투덜댔던 기억이 떠올랐다. 톨레다노는 그녀가 비행 학생 단체의 주동자라고 하면서, 그놈들이 너무 말썽을 부려서 아예 학교를 그만둘까 생각 중이라고 했었다. 그리고 또 하나의 기억이 떠올랐다. 7년 전 벽화를 그리던 학교 강당에서 루페 앞에 당당히 버티고 서 있던 열두 살짜리 어린 소녀의 영상이었다. 나는 말했다.

"그러니까 당신은⋯⋯."

불안해진 그녀는 손으로 내 입을 막을 듯 급히 내 말을 잘랐다. 어느새 그녀의 눈동자에는 악마 같은 총기가 서려 있었다.

"맞아요. 그래서요? 내가 바로 강당의 그 여자아이예요. 그렇지만 그 일은 지금 얘기와 아무 상관도 없어요. 일요일에 오실래요?"

나는 '당연하지!'라고 대답하고 싶은 것을 간신히 참고, 그냥 알았다고 말했다.

사실 프리다는 사고에서 회복될 무렵부터 친구들이나 아는 사람들에게 자기 그림을 보여 주기 시작했다. 뿐만 아니라 그림 몇 점을 들고 얼굴만 알고 있는 남자들을 찾아가기도 했다. 그런 점에서 상당한 신빙성이 있다고 여겨지는 디에고의 회상 부분을 프리다가 훨씬 간결하게 묘사한 기록이 남아 있다.

의사들이 집 밖에 나가도 좋다고 하자마자 나는 그림을 들고 디에고 리베라를 보러 갔다. 당시 그는 교육부 복도 벽화를 그리고 있었다. 나는 그의 얼굴밖에 몰랐지만 그를 굉장히 존경하고 있었다. 나는 그에게 작업대에서 내려와 내 그림을 보고 괜찮은지 어떤지 진지하게 말해 달라고 할 만한 용기가 있었다. 나는 아무렇지도 않게 "디에고, 내려와요"라고 말했다. 그러자 그는 누구보다 겸손하고 다정하게 작업대에서 내려왔다.

"이봐요. 당신이 바람둥이라는 것은 알지만, 나는 수작을 부리러 온 것은 아니에요. 내 그림을 보여 주러 왔어요. 흥미가 있으면 있다고, 아니면 아니라고 말해 줘요. 그래야 다른 일을 찾아서 부모님을 도울 수 있으니까요."

그러자 그는 내게 말했다.

"자. 일단 나는 당신의 그림에 매우 흥미가 있어요. 특히 이 자화상은 매우 독창적입니다. 나머지 두 점은 다른 그림의 영향을 받은 것처럼 보입니다. 집에 가서 그림을 그리세요. 그러면 내가 다음 주 일요일에 가서 보고 느낀 점을 말해 줄 테니까."

그는 약속을 지켰고, 나에게 소질이 있다고 말했다.

프리다를 다시 만났을 무렵, 디에고는 바야흐로 자기 예술의 절정을 구가하고 있었다. 이제 마흔 살이 된 그는 멕시코에서 가장 유명한 화가였다. 그는 1925년부터 1927년까지 하루도 쉬지 않고 작업을 했으며, 하루에 열여덟 시간씩 작업을 계속한 적도 있었다. 500제곱미터가 넘는 교육부의 벽 위에 124점의 프레스코 벽화를 완성한 것을 비롯하여,

테스코코 근방에 있는 차핑고 국립농업학교, 쿠에르나바카에 있는 에르난 코르테스의 낡은 궁전 등 유명한 공공건물의 벽에 벽화 운동기의 가장 아름다운 프레스코 벽화들을 남겼다.

멕시코 역사상 디에고보다 많은 벽화를 그린 사람은 없었다. 그의 창조력은 끝이 없어 보였고, 그의 정력은 사그러들 줄을 몰랐다. 그는 말했다.

"나는 단순한 화가가 아니다. 나는 나무가 꽃과 열매를 생산하듯 그림을 생산하는 생물적 기능을 수행하는 인간이다."

1927년 여름, 신생 멕시코 공산당을 옹호하던 디에고는 소련 정부의 초청으로 모스크바를 방문했다. 모스크바에서 그는 혁명 국가에서 온 특사 자격으로 열렬한 환영을 받았으며, 소련 공산당 서기장 스탈린의 초상화를 그렸다. 스탈린의 거친 외모와 농부처럼 짙고 강렬한 피부는 디에고에게 깊은 인상을 남겼다. 그러나 모스크바에 머무는 동안 그의 기대는 점점 무너져갔다. 러시아 혁명 대중과 접촉하기 위해 러시아에 온 그는, 실질적인 모든 활동에서 배제되었다. 프레스코 벽화 제작에 있어서도 고전주의의 틀에 박혀 있던 소련 작가들이 그보다 더 인정을 받고 있었다. 혁명과 예술 사이의 괴리는 분명해졌다. 디에고는 자신이 추구하는 혁명은 정치적 진보를 앞선 것이고, 제도적인 이상에 따른 사소한 요구들에 복종할 수 없는 것임을 깨달았다.

어쨌든 모스크바 여행은 디에고에게 한 가지 점에서 시의 적절한 것이었다. 루페 마린의 질투에 지쳐 있던 그는 이 여행을 통해 그녀와 결별했다. 루페는 디에고와의 사이에서 난 두 딸 과달루페와 루스를 데리고 할리스코에 있는 가족에게 돌아갔다.

불타는 듯 단호한 시선에 고통의 흔적인 신중한 표정을 짓고 있는 젊은 여인은 바로 그러한 때에 디에고 앞에 나타났다. 알레한드로가 그녀의 친구인 에스페란사 오르도네스를 사랑하게 되면서 그와의 관계가 완전히 끝난 뒤, 프리다는 어느 때보다 외롭고 절망적인 나날을 보내고 있었다. 그러나 정수리에 가르마를 탄 까만 머리의 이국적인 용모와 단순한 의상으로 더욱 두드러지던 그녀의 젊음은 누구나 한 번 보면 잊을 수 없는 매력을 발산하고 있었다. 디에고는 프리다에게서 이제까지의 여자들과는 전혀 다른 아름다움을 발견했다. 디에고는 프리다의 젊음과 맑은 영혼에 빠져들었다. 티나의 집에서 그녀는 디에고의 옆에 자리 잡고 앉아 어두운 눈을 반짝이며 그의 말에 귀를 기울이곤 했다. 그녀의 눈빛에 담긴 순진함과 그를 향한 흠모, 고통에서 터득한 지혜는 그를 매료하고, 즐겁게 하고, 감동시켰다. 볼리바르에서 어린 프리다의 당돌함에 충격을 받았던 루페는 그녀가 '천재 디에고'를 어린아이처럼 다루는 것을 보고 경악했다. 피카소, 로댕, 모딜리아니와 교유했던 현대 미술의 거장이자 천하의 허풍쟁이에 바람둥이로 악명 높은 디에고가 코요아칸과 예비학교 생활밖에는 경험이 없는, 가까운 친구들과 거울에 비친 자기 자신밖에는 그려 본 적이 없는 풋내기 소녀와 사랑에 빠져 버린 것이다.

사실 디에고의 마음 가장 깊은 곳에 있는 무언가를 건드린 것은 프리다의 젊음도, 미모도 아니었다. 그것은 그녀의 그림이었다. 그녀가 그린 그림들을 보고 디에고는 이 연약한 소녀가 진정한 예술가임을 깨달았다. 프리다에 대해 디에고가 느낀 것은 욕망이 섞인 놀라움과 감탄이었고, 외경심이자 영원히 사라지지 않을 감정이었다. 그는 이미 많은 여류 화가들을 알고 있었지만 이처럼 강한 동질감과 절박함을 느낀 것은 처음이었다.

1928년에 그린 교육부 벽화 〈프롤레타리아 혁명의 산책〉에 디에고는 프리다를 티나 모도티와 훌리오 안토니오 메야 곁에서 노동자들에게 소총과 대검을 나누어 주고 있는 인물로 등장시켰다. 프리다는 단순히 여자로서가 아니라 그림으로 맺어진 삶과 혁명의 동반자로서 디에고의 인생에 들어선 것이다.

프리다의 초대를 받은 디에고가 그녀의 집을 방문했을 때, 프리다는 나무 위에 앉아 휘파람으로 〈인터내셔널〉을 불고 있었다. 작업복 차림으로 나무 꼭대기에서 내려온 그녀는 환하게 웃으며 디에고의 손을 잡아 집 안으로 이끌었다. 식구들이 모두 외출하여 집 안에는 그녀와 디에고뿐이었다. 그녀는 디에고를 자기 방으로 데려가 그동안 그린 그림들을 보여 주었다. 디에고는 그녀의 그림과 빛나는 존재감이 자신에게 놀라운 환희를 불러일으켰다고 고백했다.

"그때는 몰랐지만, 프리다는 당시 이미 내 인생에서 가장 중요한 존재였다. 그녀가 세상을 떠나는 순간까지 그녀는 나에게 가장 중요한 존재였다."

그 며칠 후, 디에고는 프리다에게 처음으로 입을 맞추었고, 그로부터 두 사람의 관계는 급속도로 진전되었다. 디에고는 일요일 오후마다 코요아칸으로 그녀를 찾아갔으며, 프리다가 작업 중인 디에고 곁에서 보내는 시간도 점점 많아졌다.

프리다와 디에고는 서로를 지루하게 하지 않았다. 두 배나 되는 나이 차이에도 불구하고 그들은 전혀 어색함을 느끼지 않았다. 그들은 일상을 경이로 끌어올릴 줄 아는 사람들이었다. 언젠가 코요아칸을 거닐고 있던 두 사람이 가로등 아래서 걸음을 멈추었을 때, 주변의 가로등이 일제히 켜졌다. 갑작스러운 충동에 이끌린 디에고는 그녀에게 고개 숙여 키스했다. 입술이 닿는 순간 옆에 있던 가로등이 꺼졌고, 입술을 떼자 불이 다시 들어왔다. 그들은 가로등마다 돌아다니며 연거푸 입을 맞추었고, 그때마다 똑같은 감전 현상이 나타났다.

어느 날, 기예르모 칼로는 디에고에게 특유의 어조로 말했다.

"내 딸을 좋아하는 것 같은데?"

"그렇습니다. 그렇지 않다면 그녀를 보기 위해 코요아칸까지 왔을

리가 없지요."

"기억해 두시오. 내 딸은 환자라오. 아마 평생 동안 그렇겠지. 영리한 아이지만 보다시피 그리 예쁘지는 않소. 한번 잘 생각해 보시오."

디에고의 기억에 의하면 기예르모는 그렇게 말한 뒤 "자, 나는 경고했소"라고 내뱉고는 가 버렸다.

경제적인 측면에서라면 그것은 분명 그다지 매력적인 혼담은 아니었다. 프리다에겐 지참금이 없었을 뿐만 아니라, 그녀와 결혼함으로써 디에고는 칼로가의 빚과, 평생 동안 그녀에게 들어갈 어마어마한 병원비까지 떠안아야 했다. 더욱이 프리다의 어머니 마틸데 칼로는 디에고의 나이와 방탕함을 들어 두 사람의 결혼을 반대하고 있었다. 그녀는 두 사람의 결혼이 '코끼리와 비둘기의 결합'이 될 것이라고 빈정거렸다. 그러나 사랑에 눈이 먼 디에고에게 그 모든 것은 전혀 문제되지 않았다. 그는 프리다를 원했고, 그가 원하는 것은 프리다뿐이었다. 결혼식은 1929년 8월 21일 코요아칸에서 거행되었다. 1929년 8월 23일자 〈라 프렌사〉에 게재된 기사는 다음과 같다.

디에고 리베라가 결혼했다. 지난 수요일 인근 마을 코요아칸에서 디스쿠티도 핀토르(discutido pintor, '논란 많은 화가'라는 뜻으로, 멕시코 언론에 디에고의 이름이 등장할 때마다 따라다니는 수식어)는 제자인 프리다 칼로 양과 결혼했다. 신부는 보다시피 매우 간단한 외출복 차림이었고, 화가 리베라는 양복에 조끼를 생략했다. 결혼식은 조촐했다. 아주 따뜻한 분위기에서, 아주 간소하게 치러졌다. 성대하거나 호화롭지는 않았다. 신랑과 신부는 결혼식이 끝난 후, 가까운 친구들의 따뜻한 축하를 받았다.

이날 프리다는 웨딩드레스 대신 하녀에게서 빌린 물방울무늬 주름치마와 긴 숄로 인디언 여인처럼 차려 입었다. 디에고는 회색 바지와 상의, 흰 셔츠 차림에 손에는 엄청나게 큰 멕시코 모자를 들었다. 주례는 코요아칸 시장이 맡았으며, 이발사 판치토와 코로나도 의사, 몬드라곤 판사가 각각 프리다와 디에고 측의 증인을 섰다.

식이 한창 진행되고 있을 때, 기예르모 칼로가 자리에서 벌떡 일어나더니 한마디 했다.

"여러분, 이 모든 것이 하나의 희극 같지 않습니까?"

아닌 게 아니라 식이 끝나기가 무섭게 하나의 희극을 방불케 하는 소동들이 잇달아 일어났다. 피로연이 벌어지고 있을 때였다. 질투심에 불타는 루페 마린이 쳐들어왔다. 그녀는 프리다에게 성큼성큼 다가가 그녀의 스커트를 치켜들고는 모여 있던 사람들에게 소리쳤다.

"여러분! 이 막대기 두 개가 보이십니까? 이게 바로 디에고가 내 다리 대신 가지게 된 물건이랍니다!"

피로연이 끝날 무렵에는 술에 취한 디에고가 마구 권총을 쏘아 하객들 중 한 명이 손가락을 다쳤다. 프리다는 결혼식 날 밤, 친정으로 몸

을 피해야 했고 디에고는 며칠이 지나서야 그녀를 데리러 왔다.

프리다는 레포르마 거리 104번지에 위치한, 디아스 정권 시절의 호화로운 저택에서 신혼살림을 시작했다. 신혼 생활은 하녀들, 친구들, 공산당원들이 한데 모여 식탁 밑이나 창고 구석, 짐짝들 사이에서 닥치는 대로 먹고 자던 이상한 생활이었는데, 이 '마르크스주의적 가정'은 오래 가지 못했다. 당시 멕시코 공산당 총서기로 있던 디에고가 스탈린주의를 따르던 당원들로부터 공격을 당했기 때문이었다.

만나고 싶은 사람을 만나고, 가고 싶은 곳을 가고, 그리고 싶은 그림을 그리는 것을 자신의 '주의'로 삼고 있던 디에고가 그들로부터 비난받을 이유는 많았다. 결국 그는 스스로를 당에서 제명하는 회의를 주재해야 했다.

1929년 10월 3일, 회의장에 도착한 디에고는 자리에 앉더니 커다란 권총을 꺼내 탁자 위에 올려놓았다. 그리고 손수건으로 권총을 덮고는 이렇게 말했다.

"나 디에고 리베라는 멕시코 공산당 총서기로서 화가 디에고 리베라를 고발한다. 그는 멕시코 프티부르주아 정부와 결탁하고 멕시코 왕궁 계단 작업을 맡았다. 이러한 행위는 코민테른 정치 노선에 반하는 것이며, 따라서 화가 디에고 리베라는 공산당 총서기 디에고 리베라에 의해 공산당에서 축출됨이 마땅하다."

디에고는 자신이 공산당에서 제명되었다고 선언하고 자리에서 일어나 손수건을 치우고 권총을 집어 들어 깨뜨려 버렸다. 권총은 점토로 만든 것이었다.

디에고와 함께 당을 탈퇴한 프리다는 자신의 일을 하는 대신 그의 아내가 되는 일에 정성을 쏟았다. 여전히 그녀를 질투하면서도 친구처럼 그들의 집에 드나들기 시작한 루페 마린이 그녀에게 디에고가 좋아하는 음식을 만드는 방법 등을 가르쳐 주었다. 프리다는 답례로 루페의 초상화를 그려 주었다.

디에고는 어느 때보다 열심히 일했다. 프리다와 결혼한 그 달에 그는 어렸을 때 다녔던 산 카를로스 아카데미의 교장으로 임명되었다. 학교의 교과 과정과 권력 구조를 개혁하는 일에 정열을 쏟는 한편, 그는 엄청난 양의 그림을 그렸다. 당에서 축출되고 나서도 그는 별로 반성하는 기미를 보이지 않았다. 그는 여전히 자기가 하고 싶은 일을 하고, 그리고 싶은 그림을 그렸다. 멕시코 주재 미국 대사 드와이트 W. 모로의 호의를 받아들여 쿠에르나바카에 있는 그의 아름다운 주말 별장에서 지내게 된 것도 당의 눈치 따위는 보지 않는 디에고다운 행동이라 할 수 있었다.

그곳에서 디에고는 모로 대사로부터 청탁받은 코르테스 궁전 벽화를 그렸다. 디에고가 작업을 하는 동안 프리다는 분수와 협죽도 나무 사이를 산책하거나 작은 탑에 올라가 아름다운 전망을 즐겼다. 디에고가 작업하는 모습을 구경하면서 때로 그녀는 사소하거나 중요한 조언들을 하기도 했는데, 디에고는 그녀의 지적을 대부분 수용했다.

프리다는 농부의 아내가 밭에서 일하는 남편의 점심을 내가듯 디에고를 위해 꽃으로 뒤덮인 도시락 바구니를 준비했으며, 저녁이면 작업장으로 그를 데리러 갔다. 그들의 신혼에는 권태가 끼어들 자리가 없었다. 쿠에르나바카에서 잠시 그들의 손님이 되었던 예술사 학자 루이스 카라도사 아라공은 두 사람이 사는 모습이 '아나우아크 계곡의 포포카테페틀과 이스타시우아틀 화산처럼 멕시코의 정신적 풍경의 일부인 것 같았다'고 기억했다.

프리다가 테우아나 의상을 즐겨 입기 시작한 것도 이 무렵의 일이었다. 보라색이나 붉은색 바탕에 정교하게 수를 놓은 블라우스와 하얀 면직으로 주름을 잡아 단을 댄 긴 치마는 복장 자체로도 매우 아름다웠지만, 그녀가 테우안테펙 여성들의 의상을 특별히 좋아하게 된 것은 이들에 관한 전설 때문이었다.

'테우안테펙 여자들은 기품 있고 아름답고 감각적이고 지적이고 용감하고 강인하기로 유명했다. 전설에 따르면 테우안테펙은 모계 사회로서 여자들이 장사를 하고, 재정을 맡고, 남자들을 거느렸다.'

프리다가 결혼 예복으로 인디언 하녀의 옷을 빌려 입은 것은 단순한 장난이나 반항이 아니었다. 자기 인생의 가장 중요한 순간에 인디언의 의상을 입는 것으로 그녀는 자신의 새로운 정체성을 선택했던 것이다.

디에고는 프리다가 진정하고 순수하고 원시적이라고 칭송하곤 했다. 사실 그녀는 부르주아 가정에서 자라난 도시 소녀였고, 뒤에는 상류 보헤미안의 삶을 살았다. 그러나 농부와 인디언이 도시인보다 대지와 가깝고, 따라서 더욱 관능적이고 진실하다는 통념에 따라 프리다는 그들의 옷을 자신의 기호로 상징화했고, 나아가 그들의 정체성과 자신의 이미지를 일치시키는 데 성공했다.

인디언 의상은 프리다의 설정의 일부였다. 이를 통해 그녀는 전설적인 인물인 디에고의 완벽한 동반자로서의 자격을 확보했다. 그러나 프리다가 디에고를 위해 기꺼이 연기했던 '인디언 아가씨' 역할은 한편으로 그녀 자신을 위한 또 하나의 순수하고 창조적인 예술이기도 했다. 프리다에게 있어서 의상은 일종의 팔레트였으며, 자신의 개성을 극적으로 표현하고 연출하는 수단이었다. 그녀는 날마다 세상에 보여주고 싶은 자기의 이미지를 선택했고, 옷의 색채와 형상을 통해 하나의 그림을 만들었다.

뒷날, 의상은 그녀에게 고독의 해독제가 되어 주었다. 옷에 맞는 리본과 레이스, 꽃과 보석을 골라내고, 그것들을 빈틈없이 연출하여 드라마틱하고 화려한 가면을 빚어내는 동안, 그녀는 외로움을 잊고 세상을 잊을 수 있었다. 말년에 병세가 악화되고 찾아오는 사람들의 발길이 끊겼을 때도 그녀는 축제를 준비하는 사람처럼 날마다, 더욱 화려하게, 자신을 단장했다.

쿠에르나바카에 머무는 동안 프리다는 결혼 후, 처음으로 몇 점의 그림을 그렸다. 풍만한 모성과 왕성한 번식력을 표현한 루페 마린의 초상화, 열대 나뭇잎으로 둘러싸인 인디언 여인의 상반신 누드, 인디언 어린이를 그린 몇 점의 초상화와 함께 그녀의 세 번째 자화상도 이 시기에 그려졌다. 알레한드로에게 선물했던 〈붉은 옷을 입은 자화상〉에 이어 디에고가 사랑하는 니냐 보니타(신선하고 아리따운 소녀)의 모습으로 그려진 두 번째 자화상과 달리, 그녀의 세 번째 자화상이 푸른 옷의 우수로 표현되고 있는 것은 그 무렵 그녀에게 일어났던 두 가지 불행한 사건의 영향이었다.

1930년에 프리다는 임신 3개월 된 태아의 위치에 문제가 생겨 중절 수술을 받아야 했다. 아이를 가지는 것이 불가능하다고 했던 의사의 말을 사실로 확인하면서 그녀는 깊은 슬픔과 좌절감을 느꼈다. 하지만 그녀는 포기하지 않고 그 뒤로도 몇 번 더 임신을 시도했다.

또 한 가지는 디에고가 젊은 조수 이오네 로빈손과 연인 관계가 된 것이었다. 디에고는 여자를 지나치게 좋아했고, 프리다를 사랑하면서도 평생 동안 수많은 여자들과 바람을 피웠다. 프리다는 그것이 그가 사는 방식이고, 그런 그를 받아주고 계속 사랑하는 것이 그를 사랑하는 방식이라고 말했지만, 언젠가 한번은 "나는 일생 동안 두 번의 중대한 사고를 겪었다. 하나는 전차 사고였고 다른 하나는 디에고를 만난 것"이라고 술회하기도 했다.

어쨌든 그녀는 디에고를 증오하고 있을 때조차 그를 사랑했다. 자신이 택한 남자의 모든 것을 전폭적으로 수용하고, 그에게 전폭적으로 헌신하는 그녀의 방식은 절대적인 강점이면서 절대적인 약점이기도 했다. 평생에 걸쳐 디에고는 프리다에게 가장 강렬한 갈망을 불러일으키는 이성이었지만, 그녀는 늘 어머니 같은 사랑으로 그를 감싸 안았다. 그러나 디에고 역시 결혼 초부터 그녀가 세상을 떠나는 날까지 그녀의 아버지 역할을 해 왔다. 뿐만 아니라 그는 현대 미술의 거장으로서 그녀에게 세계로 나가는 문을 열어 준 장본인이었다.

어느 쪽의 사랑이 더 크고 진실했는지를 따지는 건 무의미한 일일 것이다. 살아서도 죽어서도 결국 그들은 하나였으니까. 그 모순과 부조화로 인하여 더욱 강렬하고 매혹적인 신화의 주인공이 된 이 기묘한 커플 앞에 바야흐로 그들이 풍미해 갈 격동의 한 시대가 펼쳐지고 있는 것만은 분명했다.

6. 두 개 세계의 사이에서

1930년 디에고 리베라는 미국 샌프란시스코 증권거래소의 오찬 클럽 벽에 그림을 그려 달라는 의뢰를 받았다. 당시 그는 뒷날 샌프란시스코 예술대학으로 승격하게 되는 캘리포니아 미술학교의 벽화 제작도 의뢰받아 놓은 상태였다.

1929년 디에고 리베라는 산 카를로스 미술학교의 교장직에서 해임되었다. 그의 강의가 지나치게 혁명적이라는 이유 때문이었다. 그는 '백만장자들을 위한 화가'라고 그를 비난하는 공산당으로부터 제명을 당하는 수모를 겪었으나, 우익은 우익대로 그를 혁명 요원이라 비난하며 공격하기를 멈추지 않았다. 그를 찬양하고 추앙하던 무리들은 이제 그의 성공을 시기하며 그를 헐뜯고 비판하는 데 앞장서고 있었다. 디에고는 멕시코를 떠날 때가 되었음을 느꼈다. 쿠에르나바카에서의 유산 이후, 우울증에 빠져 있던 프리다로서도 미국행은 큰 기분 전환이될 만했다.

1930년 11월 10일, 부부는 샌프란시스코에 도착했다.

미국 자본주의의 심장부에 프롤레타리아를 찬양하는 공공 작품을 그린다는 계획은 디에고를 흥분시켰다. 한편, 미국 자본주의의 선두주자들에게 디에고 리베라 같은 마르크스주의자를 고용하는 것은 자신들의 아량을 선전할 수 있는 좋은 기회가 될 터였다. 부부는 수많은 파티, 만찬, 리셉션에 초대되었다. 디에고는 자신이 어느 때보다 인정받고 또 사랑받고 있다고 느꼈으며, 자신의 강연에 몰려드는 수많은 인파에 감동했다. 이곳에서도 그의 너그러움과 현란함에 매료된 여자들은 모델이나 조수가 되기를 자청하며 끊임없이 그의 주위를 얼씬거렸고, 천성적으로 여자를 거절하지 못하는 성격인 디에고는 증권거래소 벽화의 모델이 되어 준 테니스 챔피언 헬렌 윌스 등과 심심찮게 염문을 뿌려댔다.

그러나 불행히도 프리다에게 샌프란시스코는 기대했던 자유와 환상의 도시가 아니었다. 샌프란시스코에 도착한 직후, 그녀는 오른발이 눈에 띄게 바깥쪽으로 휘기 시작했고, 힘줄이 늘어나 보행이 어려워졌다. 1930년 12월에 처음으로 그녀를 진찰한 레오 엘로서 박사는 프리다가 선천적 척추 기형과 연골 결핍이라는 진단을 내렸다. 뿐만 아니라 언어가 통하지 않았기 때문에 누구와도 마음을 터놓고 친밀한 대화를 나눌 수 없었다. 파티와 대화를 좋아하던 프리다에게 샌프란시스코는 멕시코에 대한 향수를 불러일으키는 외롭고 낯선 이방이었다. 일을 시작하면 다른 것은 돌아볼 줄 모르는 디에고가 아름다운 모델들과 함께 며칠씩 작업실에 틀어박혀 있는 동안 프리다는 전차를 타고 샌프란시스코의 가파른 언덕들을 오르내리거나 방에 들어앉아 그림을 그렸다. 의사와 환자의 관계로 시작되어 평생의 친구 사이로 발전한 엘로서 박사의 초상화와, 기타 몇 점의 초상화들이 이 시기에 그려졌다.

프리다는 디에고를 소유하는 것이 불가능한 일이라는 사실을 깨달아가고 있었다. 디에고가 그녀를 사랑한다 하더라도 그가 인생에서 가장 정열을 쏟는 대상은 예술이며, 그의 진실한 사랑은 아름다움과 멕시코와 마르크스주의와 인민과 여자들과 초목과 대지에 바쳐질 것임을 그녀는 알고 있었다. 프리다는 소유를 포기하는 대신 보이지 않는 그물로 그를 통제하면서 보다 확실하게 그를 장악하는 방법을 선택했다. 바로 그의 최고의 동지가 되는 것, 그리고 그가 도저히 싫증 낼 수 없는 최고의 재미있는 사람이 되는 것이었다.

수많은 예술계 인사들이 참석한 어느 만찬장에서 프리다는 젊은 여자가 디에고 옆에 앉아 그에게 추파를 던지는 것을 보았다. 디에고는 늘 그랬듯이 희색이 만면한 채 젊은 아가씨와의 게임에 열을 올리고 있었다. 프리다는 포도주를 한 모금 마신 뒤, 저속하고 우스꽝스러운 멕시코 노래를 부르기 시작했다. 저속하고 우스꽝스러운 동작을 곁들인 그녀의 도발은 술기운이 오를수록 뻔뻔해졌고, 결국 그녀는 좌중을 손아귀에 넣었다. 디에고는 즐거워서 어쩔 줄 모르는 얼굴로 젊은 여자 따위는 까맣게 잊은 채 프리다에게 다정한 시선을 보냈으며, 프리다는 마음속으로 승리의 노래를 불렀다.

이 무렵, 프리다가 그린 두 사람의 결혼식 초상화 〈프리다와 디에고 리베라〉에서 디에고는 팔레트와 붓을 솜씨 있게 다루는 위대한 화가로, 프리다는 자신이 가장 좋아하는 역할, 즉 천재를 사모하는 아내의 모습으로 그려져 있다. 180센티미터가 넘는 키에 몸무게 136킬로그램의 거대한 남편 곁에 키 162센티미터, 몸무게 44킬로그램에 불과한 신부는 너무도 다소곳한 자세로 서 있다. 디에고의 커다란 두 발이 개선문의 초석처럼 굳건하게 대지를 딛고 서 있는 데 반해, 앙증맞은 슬리퍼를 신은 프리다의 두 발은 너무나 연약해서 서 있기조차 힘겨워 보인다.

사실 디에고 리베라에게 배우자로서의 프리다에 대한 자부심과 사랑은 그의 어떤 인간적 결함으로도 깨뜨려질 수 없는 것이었다. 그런 자부심과 사랑이 있었기 때문에 그녀는 결혼 생활의 모든 상처와 환멸을 감수했고, 예의 '악마적인 유머와 담력', '염려와 여성스러움'을 포함한 모든 수단을 동원하여 그와의 필사적인 동행을 관철했던 것이다.

디에고는 자기 자신과 조수들을 기진맥진할 때까지 혹사시킨 끝에 작업을 시작한 지, 한 달도 안 되어 〈캘리포니아 알레고리〉를 완성했다. 샌프란시스코 증권거래소의 주문으로 그려진 이 거대한 벽화는 좌파 비평가들로부터 계급투쟁을 제대로 표현하지 않았다는 공격을 당하기도 했지만, 캘리포니아를 상징적으로 표현하는 여자 테니스 챔피언 헬렌 윌스를 주인공으로 등장시켜 디에고가 북아메리카에서 느끼고 싶어 했던 이상적인 젊음과 미를 잘 표현했다는 평가를 받았다.

캘리포니아 미술학교의 〈벽화 제작〉은 그로부터 두세 달 뒤에 마무리되었다. 프레스코 벽화 예술에 바치는 헌사로서 제작된 이 그림은 샌프란시스코 예술계에 격렬한 논쟁을 불러일으켰는데, 벽화 제작 과정을 그린 그림의 한가운데에 커다란 엉덩이를 작업대 밖으로 삐죽 내민 디에고의 뒷모습이 그려져 있었기 때문이었다. 사람들은 이것을 미국 문화에 대한 직접적이고 의도적인 모욕으로 받아들였으며, 설사 농담이라 하더라도 저질스러운 취향임에는 분명하다고 그를 비난했다.

디에고는 그런 비난에 눈 하나 깜짝할 사람이 아니었고, 자신의 익살스러운 취향을 억제할 생각도 없었다. 때맞춰 멕시코로부터 그의 귀국을 독촉하는 연락이 왔기 때문에 디에고와 프리다는 구설에 시달릴 겨를도 없이 〈벽화 제작〉을 완성한 지, 닷새 후인 1931년 6월 8일 멕시코로 떠났다. 당시 멕시코 대통령이던 오르티스 루비오로부터 국립 왕궁 계단의 벽화 작업을 하루빨리 마무리하라는 전보가 날아왔던 것이다.

미국에서 지낸 일곱 달 동안 고독과 향수에 괴로워했던 프리다는 정겨운 소음과 냄새와 친구들이 있는 고국으로 돌아온 것에 만족했다. 디에고가 날마다 왕궁에 나가, 그가 없는 동안 조수들이 그려 놓은 그림을 수정하거나 다시 그리는 작업을 하는 동안 그녀는 코요아칸의 파란 담장 집에서 모처럼의 아늑하고 평화로운 시간을 보냈다.

연인들의 속삭임과 새들의 지저귀는 소리를 들으며, 부겐빌레아 덩굴이 늘어진 아름다운 거리와 장터를 거닐며, 저녁이면 사랑하는 사람들에 둘러싸여 먹고 마시고 얘기를 나누었다. 현재의 자신과 현재 자신이 사랑하는 모든 것들에 그녀는 무한한 애착을 느꼈다. 그러나 디에고는 다시 돌아온 멕시코에서 프리다만큼 행복하지 않았다.

두 사람이 귀국했을 무렵, 멕시코의 상황은 파국으로 치닫고 있었다. 카예스의 악법과 가톨릭 탄압으로 촉발된 내전은 중서부 평원을 휩쓸고 지나가면서 나라를 둘로 갈라놓았고, 멕시코 전역을 혼돈과 가난으로 몰아넣었다. 1928~1929년의 극심한 불황은 멕시코 경제에 치명적인 타격을 입혔으며, 그 무렵 법의 보호 바깥에 놓이게 된 멕시코 공산당은 공산주의 종주국 소련과도 결별함으로써 사실상의 모든 정치활동이 불가능해졌다.

디에고는 다시 한번 북아메리카의 모험을 꿈꾸기 시작했고, 곧 다시 기회가 찾아왔다. 디트로이트 예술원 원장 윌리엄 R. 발렌티너가 예술원 정원에 프레스코 벽화 한 점을 그려 달라고 그를 초청한 데 이어, 1931년 7월에는 유명한 화상이자 록펠러 집안의 미술 고문이기도 한 프랜시스 플린 페인이 멕시코를 방문하여 그에게 뉴욕 현대 미술관에서의 회고전을 제안했던 것이다. 뉴욕 현대 미술관 회고전은 엄청난 기회일 뿐 아니라 거부할 수 없는 영예였다. 그것은 거장 마티스 회고전에 이은 미술관의 두 번째 개인전이었고, 통산 열네 번째로 기획된 전시회였다. 또한 디트로이트 예술원 측에서 벽화를 그려주는 대가로 디에고에게 제시한 금액은 1만 달러였다. 당시 미국 노동자의 최저 일당이 7달러였던 점을 감안하면 실로 어마어마한 금액이 아닐 수 없었다. 그것은 그때까지 그가 그림의 대가로 받아 본 금액 중 최고의 액수이기도 했다.

귀국 후, 돈에 쪼들리는 생활을 하고 있던 디에고의 눈앞에 다시금 빛나는 경제 전망이 펼쳐졌다. 그리고 돈보다도 매력적인 조건, 세계 역사상 가장 강력한 산업 제국을 건설한 디트로이트의 대중 속으로 뛰어들어, 그들을 진정한 혁명으로 이끌 효모 역할을 할 그림을 제작하게 되었다는 사실이 디에고의 야망에 불을 붙였다.

결국, 국립 왕궁 벽화 작업은 다시 한 번 중단될 수밖에 없었다. 디에고는 미국인 후원자들에게서 받은 돈으로 멕시코시티의 산앙헬 구역에 새집을 지었다. 각각 디에고와 프리다의 아틀리에로 쓰이게 될 두 채의 집은 다리를 통해 연결되는 형태를 취하면서 서로간의 완벽한 독립을 유지할 수 있도록 설계되었다. 이어 디에고는 갈수록 형편이 어려워지는 프리다의 부모를 위해 코요아칸에 있는 그녀의 생가를 사들여 그녀의 양친에게 평생 그곳에서 살 수 있도록 했다. 그리고 그 모든 일이 마무리된 그해 11월 중순의 어느 날 새벽, 부부는 모로 캐슬 호를 타고 마천루의 휘황한 불빛과 짙은 안개에 잠긴 뉴욕항에 입항했다.

센트럴 파크 남쪽 모퉁이에 위치한 바르비종 프라자 호텔에 여장을 풀자마자 디에고는 당시 현대 미술관으로 쓰이던 헥스처 빌딩으로 달려갔다. 전시관을 점검하고 건물 안에 마련된 자신의 스튜디오를 둘러보기 위해서였다. 그해 12월 22일로 예정되어 있는 전시회 개막일까지는 시간이 얼마 남지 않았다. 그 동안에 그는 143점의 유화와 수채화, 드로잉, 일곱 개의 이동식 벽화 패널을 제작해야 했다.

디에고는 가끔씩 우유를 마시는 것 말고는 거의 먹지도 자지도 않고 밤낮없이 일에 매달렸다. 그 사이에도 디에고와 프리다를 위한 파티와 리셉션이 끊임없이 열렸다. 디에고는 여전히 사교계 명사로서의 자신의 위치를 즐기는 입장이었지만 프리다는 뉴욕 상류사회의 지나친 풍요와 사치가 마음에 들지 않았다. 엘로서 박사에게 쓴 편지에서 그녀는 이렇게 쓰고 있다.

'저는 이곳의 모든 부자에게 분노를 느낍니다. 수천 명의 사람들이

먹을 것도 잠잘 곳도 없이 너무나도 비참하게 살아가는 것을 보았거든요. 그것이 이곳에서 가장 인상적인 점입니다. 수천수만의 사람들이 굶어죽는데 부자들이 밤낮으로 파티를 벌이는 모양이란 보기만 해도 끔찍합니다. 미국의 산업과 기계의 발달은 꽤 흥미롭지만, 미국인에게는 감수성이나 멋스러움 같은 건 하나도 없는 것 같습니다.'

디에고의 전시회는 대성공을 거두었다. 그의 큐비즘 이전 회화 몇 점을 포함한 143점의 작품들은 디에고 리베라의 무한한 창조력을 유감없이 보여 주었다. 전시회는 비평가들의 아낌없는 갈채를 받았고, 뉴욕 현대미술관 개관 이래 가장 많은 숫자인 5만 6,575명의 유료 관람객을 끌어들였다. 당시 뉴욕예술평론가협회 회장이던 헨리 맥브라이드는 디에고를 '남북 아메리카를 통틀어 가장 화제가 되고 있는 남자'라고 표현했다.

전시회의 성공으로 프리다의 생활도 다소 활기를 띠게 되었다. 그녀는 스위스 작곡가 에른스트 블로흐의 딸인 뤼시엔 블로흐를 비롯한 여러 명의 새로운 친구들을 사귀었고, 그들과 함께 맨해튼을 거닐거나 영화를 보거나 느긋한 점심 식사를 즐기는 데 매력을 느꼈다. 그녀는 공포 영화와 코미디를 특히 좋아했으며, 1932년 3월에는 뉴욕 시민을 가득 태운 최고급 침대차를 타고 필라델피아로 레오폴드 스토코프스키가 지휘하는 멕시코 발레 〈마력〉의 초연을 보러 가기도 했다.

디에고 리베라가 무대장치를 맡고 멕시코 작곡가 카를로스 차베스가 음악을 담당한 이 발레 작품은 사실 디에고가 오래 전부터 구상해 온 것이었다. 오랫동안 디에고의 서랍 속에서 묵고 있다가 그의 뉴욕 전시회를 계기로 빛을 보게 된 이 작품에는 현대 산업사회 속에 녹아 있는 멕시코 인디언의 과거를 보여 주려는 디에고의 의지가 담겨 있었다. 그가 장차 디트로이트에서 구현하고자 하는 꿈의 서곡으로서 그것은 매우 이상적이고 인상적인 공연이라 할만 했다.

그러나 〈마력〉을 감상한 소감에 대해 프리다가 엘로서 박사에게 쓴 편지는 그녀가 미국 사회와 그곳 사람들에 대해 여전히 강한 거부감을 갖고 있었음을 보여 준다.

"그것은 역겨운 쓰레기에 지나지 않았어요. 음악이나 무대 장식 때문이 아니라 안무 때문이었습니다. 멋없는 금발 여자 한 떼가 테우안테펙 인디언을 연기했어요. 그들이 산둥가를 출 때는 몸이 피 대신 납으로 가득 찬 것 같았습니다. 요컨대 순종 돼지 떼였어요."

그 세계가 그녀를 남편과 멀어지게 했기 때문에 프리다는 본능적으로 앵글로 색슨족의 세계를 경계하고 두려워했다. 그녀는 산업사회와 접하고 그 속의 불의를 알게 되면서 내적으로 충격을 받고 있었지만, 디에고처럼 창조를 통해 이에서 벗어날 기회를 갖지 못했다. 그녀는 그녀 자신과 단절되고, 열정의 원천을 빼앗겼다고 느꼈다.

디에고를 세상 무엇보다 사랑했기 때문에 자신의 행복과 자신의 일을 희생하고 찾아왔던 뉴욕은 그녀에게 안정을 주지 못했다. 1932년 4

월 디에고가 디트로이트에서 작업을 시작하게 되자 프리다는 자신을 하나의 그림자에 불과한 존재로 만들었던 대도시를 떠나게 된 것에 무한한 안도감을 느꼈다.

디에고의 꿈은 정치나 사회 혁명에 있지 않았다. 그가 소망했던 것은 예술과 문화의 혁명, 아메리카 대륙에 존재하는 상반된 두 세계의 만남을 통한 진정한 의미에서의 시각 혁명이었다. 미국 기계공업의 중심지인 디트로이트는 디에고의 그와 같은 꿈을 실현하는 데 더할 나위 없이 적합한 장소로 보였다. 강철과 시멘트로 지어진 포드 자동차 공장의 거대한 내부를 둘러본 디에고는 헨리 포드의 미래 지향적인 안목과 열정에 열광했다.

"난 헨리 포드가 자본주의자이고 세상에서 가장 부자라는 사실이 아쉬웠다네. 공개적으로 마음껏 찬사를 늘어놓을 수 없었으니까. 그렇지 않았다면 그를 이 시대의 가장 위대한 시인이나 예술가로 묘사하는 책을 썼을지도 모르지."

그러나 디에고처럼 열광적이지 않았던 프리다는 그들이 도착하고 얼마 후, 헨리 포드의 집에서 열린 공식 만찬에서 공공연한 반(反) 유대주의자로 알려져 있던 헨리 포드에게 "포드씨, 당신은 유대인입니까?"라는 질문을 던져 늙은 자동차 황제를 당황하게 만들었다. 당시 디트로이트에서 그들이 묵었던 호텔이 유대인을 받지 않는다는 사실을 알고 디에고까지 동원하여 숙소를 옮기겠다고 소동을 벌임으로써 호텔 측으로 하여금 결국 유대인 거부를 철회하게 만들었던 그녀다운 도발이었다.

새롭고 낯선 세계에 대한 최초의 흥분이 지나가자 프리다에게는 디트로이트 역시 따분하고 무미건조한 하나의 이방으로 다가왔다. 디에고가 벽화 작업을 위한 금속 형판 제작에 골몰하고 있는 동안 그녀는 다시 혼자만의 고독과 우울 속으로 빠져들었다. 그녀는 코요아칸의 거리들과 옥수수 빵과 강낭콩 맛이 그리웠고, 암으로 죽어가고 있는 어머니의 소식이 궁금했다. 그 와중에 그녀는 극히 무모한 계획을 세웠다. 쿠에르나바카에서의 끔찍했던 경험에도 불구하고 다시 아이를 갖기로 결심한 것이었다.

프리다는 소아마비를 앓았던 다리에 궤양이 생겨 찾아갔던 포드 병원에서 프랫 박사를 알게 되었다. 그녀는 프랫 박사에게 자신의 고민을 털어놓았다. 그녀를 진찰한 프랫 박사는 프리다가 육체적 결함과 사고의 후유증뿐만이 아니라 선천적인 기형으로 자궁이 너무 좁아 아이를 갖는 것이 불가능하다고 말했다. 프랫 박사는 아직 시간이 있을 때 유산을 시키라고 충고했다. 당시 그녀는 임신 2개월째였다. 프리다는 비통했지만 의사의 충고를 따를 수밖에 없었다. 그녀는 프랫 박사가 처방해 준, 독한 약을 먹었다. 다음 날 약간의 출혈이 있었고, 유산이 되었다고 생각한 프리다는 다시 박사를 찾아 갔다. 그런데 프리다를 검진한 프랫 박사는 유산이 아니라면서 중절 수술을 받기보다는 아이를 낳는 편이 나을 것이라고 말했다. 프리다의 몸 상태가 나쁘기는 하지만 제왕절개를 하면 별 탈 없이 아이를 낳을 수 있으리라는 것이었다.

프리다는 엘로서 박사에게 편지를 보내 조언을 구했다. 그녀의 일과 결혼 생활과, 심지어는 생명이 걸려 있는 중대한 문제였지만 그녀에게는 엘로서 박사 외에 그 일을 의논할 사람이 아무도 없었다. 그러나 프랫 박사의 견해에 동의하는 엘로서 박사의 회신이 도착하기도 전에, 그녀는 이미 중절 수술을 받지 않기로 결정을 내렸다.

그녀는 요행에 희망을 걸었다. 그녀가 일단 마음을 정하자 디에고의 염려도, 그가 아이를 원치 않는다는 사실도 그녀의 마음을 바꿀 수 없었다. 아이는 프리다의 평생을 사로잡았던 집념이었다. 작품에 대한 열정에 불타 집에서 아내를 돌볼 생각이라곤 눈곱만큼도 없었던 디에고는 뤼시엔 블로흐를 졸라 자기들의 집에 들어와 살도록 했다.

끔찍한 일은 무더위가 기승을 부리던 7월 4일 저녁에 닥쳐왔다. 프리다는 엄청난 양의 하혈을 했고, 구급차에 실려 병원으로 갔다. 병원에 입원해 있던 13일 동안, 그녀는 수많은 눈물과 피를 흘렸다. 다시는 아이를 가질 수 없을 거라는 생각과, 태아가 그녀의 자궁에 자리잡지 못하고 사라져 버렸다는 사실에 그녀는 절망하며 울부짖었다.

"죽고 싶어! 내가 왜 이렇게 살아야 하는지 모르겠어!"

프리다는 죽은 아기를 그리고 싶었다. 그래서 의사에게 관련 삽화가 들어 있는 의학 서적을 가져다 달라고 부탁했다. 의사는 책 속의 그림이 환자에게 충격을 줄 수 있다는 이유로 부탁을 거절했다. 프리다는 불같이 화를 냈고, 디에고가 중재에 나섰다.

"당신이 다루는 이 환자는 평범한 사람이 아니오. 그녀는 그것을 가지고 할 일이 있어요. 그녀는 예술 작품을 만들려는 것입니다."

7월 17일에 프리다는 퇴원했고, 디에고는 7월 25일에 작업을 재개했다. 프리다는 7월 27일에 엘로서 박사에게 편지를 썼다.

"친애하는 선생님, 큰 소리로 울어대는 아이를 낳아 디에기토라 부르고 싶었는데, 일이 이렇게 되고 보니 그 일을 견디는 것 외에 달리 할 수 있는 일이 아무 것도 없습니다."

디에고에 따르면 바로 이 무렵부터 그녀는 예술사에서 전례를 찾을 수 없는 걸작들을 그리기 시작했다.

"그녀의 작품들은 진리, 현실, 잔인함, 고통이라는 영원한 여성적 가치들을 보여 준다. 어떤 여인도 그 당시의 프리다처럼 가슴 저미는 시정(詩情)을 화폭에 옮겨 놓지 못했다."

유산 후, 몇 주 동안 프리다는 끊임없이 그림을 그리고 데생을 했다. 그림은 그녀가 현실의 고통을 잊을 수 있는 유일한 방법이었다. 이 시기에 그려진 〈헨리 포드 병원〉에서 프리다는 피를 흘리며 병원 침대에 나체로 누워 있다. 굵은 눈물이 뺨 위로 흐르고, 불룩한 배 위에는 여섯 개의 핏줄 같은 붉은 줄이 있는데, '모성의 실패'를 상징하는 사물들이 줄 끝에 매달려 있다. 그 중 하나는 태아인데, 태아와 프리다를 연결하는 줄은 다시 탯줄과 연결된다. 프리다는 유산으로 인해 흘린 피 위에 아기를 놓고, 그 옆에 남성의 생식기를 그려 넣었다. 그녀는 아기가 '작은 디에고'이기를 원했던 것이다.

프리다는 그 후로도 세 번이나 출산을 시도했다. 디에고는 그녀가 위험해질까 봐 임신을 막았지만, 보다 진실한 이유는 그가 더 이상 아이를 원치 않는다는 데 있었다.

코요아칸의 푸른 집 침실에는 그녀가 사 모은 출산 관련 서적들과 함께 1941년 엘로서 박사가 포름알데히드 병에 담아 선물한 태아가 소중하게 보관되어 있다. 그녀는 생전에 수많은 인형을 수집했으며, 각각의 인형들에게 '인형 병원에 데려갈 것', '몸통을 교체해 줄 것', '가발을 새로 사 줄 것' 따위의 쪽지를 붙여 놓았다. 그 쪽지들 역시 그녀가 1926년 버스 충돌 사고를 당한 뒤, 작성한 '레오나르도의 출생 증명서'와 함께 코요아칸의 프리다 박물관에 전시되어 있다.

프리다가 유산 직후 완성한 또 하나의 중요한 그림은 디에고의 디트로이트와 멕시코에 대한 사랑 사이에서 상처받고 있는 그녀의 삶을 표현한 자화상 〈두 개 세계의 사이에서〉이다. 그해 8월 31일에 관찰한 일식으로부터 영향을 받은 것으로 보이는 이 작품에서 긴 분홍색 드레스를 입고 레이스가 달린 구식 장갑을 끼고 있는 프리다는 야회에 참석하기에 부족함이 없는 예절 바른 차림을 하고 있지만, 왼손에는 예절을 비웃는 담배를, 오른손에는 조그만 멕시코 국기를 들고 있다. 두 세계의 사이에 서서 프리다는 어느 때보다 극심한 향수를 앓고 있었다. 그러나 고향과 가족의 품으로 돌아가고 싶다는 그녀의 간절한 소망은 대단히 비극적인 방식으로 실현되었다.

1932년 9월 5일 프리다는 전보 한 장을 받았다. 유방암 선고를 받고 투병 중이던 어머니가 위독하다는 내용이었다. 비행기 표를 구할 수 없었기 때문에 프리다와 뤼시엔은 기차를 타고 멕시코로 떠났다.

프리다가 도착한 지 일주일 만인 9월 15일에 어머니는 세상을 떠났다. 가족들은 다음 날 아침까지 기예르모에게 마틸데 칼로의 죽음을 알리지 않았다. 기예르모는 정신이 나간 것 같았고, 마주치는 사람마다 붙잡고 왜 아내가 보이지 않느냐고 물어 보곤 했다.

프리다는 5주 동안 가족 곁에 머물다가 그해 10월 21일 디트로이트로 돌아왔다. 어머니를 잃은 슬픔을 극복하기 위해서도 그녀가 매달릴 수 있는 것은 역시 그림이었다. 그녀의 일생을 연작으로 그려 보라는 디에고의 권유에 따라 프리다는 어머니의 가랑이 사이로 빠져나오는 자신의 모습을 그린 〈나의 탄생〉을 완성했다. 그림에서 산모의 머리는 침대 시트로 가려져 있는데, 프리다는 "내 머리를 가린 것은 이 그림을 그리고 있을 때 공교롭게도 어머니가 돌아가셨기 때문"이라고 설명함으로써 그림의 산모가 어머니인 동시에 프리다 자신임을 밝히고 있다. 몇 년 후의 일기에 적은 것처럼 그녀는 스스로를 낳은 사람이었고, 자기의 삶을 가지고 가장 멋진 시를 쓴 사람이었다.

그녀는 이즈음 화가로서의 포즈, 즉 진지한 동시에 장난스러운 포즈를 습득해 가고 있었다. 플로렌스 데이비스가 〈디트로이트 뉴스〉에 기고한 칼럼에서 장난기 가득한 두 눈을 반짝이며 다음과 같이 말하는 프리다를 만나 볼 수 있다.

"물론 그(디에고)는 어린 소년 치고는 썩 괜찮아요. 그렇지만 대가는 바로 나예요."

물론 그녀는 디에고야말로 '진짜 화가'이며 '최고의 화가'라고 확신하고 있었다. 작업 때문에 신경이 날카로워진 그는 한층 늘어난 변덕과 짜증으로 프리다를 우울하게 만들었지만, 디트로이트 예술원의 벽위에서는 날마다 놀라운 그림들이 태어나고 있었다.

디에고는 종교적인 열정을 가지고 작업에 몰두했다. 그는 고전주의에서부터 인상주의에 이르는 온갖 회화 기법을 사용하여 현대 문명의 전반적인 역사를 보여 주는 강렬한 이미지를 창조했다. 고통과 쾌락, 악마와 창조의 신들이 끊임없이 등장하여 하나의 거대한 혼돈을 연출하고 있는 〈디트로이트 산업〉은 엄청난 논란을 불러일으켰다. 성직자들은 이 그림을 신성 모독이라고 생각했고, 보수주의자들은 공산주의적이라고 생각했으며, 점잖은 사람들은 외설이라고 생각했다. 당장 그림을 지워 버리겠다고 흥분하는 사람도 있었고, 못 지우게 하려고 위원회를 조직하는 사람도 있었다. 매일 수천 명의 사람들이 벽화를 보러 왔고, 수많은 공장 노동자들이 벽화를 지키겠다고 나섰다. 그런 소동을 멀리서 지켜보면서 디에고는 또 다른 작품을 머릿속에 구상하고 있었다. 〈라디오 시티〉라 불리는 록펠러센터 대강당의 벽화 제작을 의뢰받은 그때, 그는 이미 뉴욕으로 건너가 있었다. 벽화 제막식이 거행되기 일주일 전에 디트로이트를 떠나면서 그가 남긴 글에는 자신의 예술을 이해하지 못하는 사람들에 대한 자부심과 서글픔이 드러나 있다.

디트로이트에 있는 내 벽화를 파괴한다면 나는 마음속 깊이 고통을 느낄 것이다. 내 삶의 1년이란 시간과 내게 있는 최고의 재능을 거기에 쏟아 부었기 때문이다. 하지만 내일이면 나는 다른 벽화를 그리느라 바쁠 것이다. 나는 예술가일 뿐만 아니라 생리적으로 그림을 생산하는 사람이다. 나무는 꽃과 열매를 맺지만 매년 자신이 만들어 낸 것을 잃는다고 한탄하지 않는다. 이듬해에 다시 꽃 피고 열매 맺을 것을 알기 때문이다.

록펠러센터 측이 선정한 그림의 주제는 '희망과 비전을 가지고 보다 나은 미래를 선택하는 사람들'이었다. 이 주제는 즉각 디에고의 상상력을 자극했다. 그는 노동절까지 그림을 완성할 생각으로 작업장에서

침식을 해결하며 하루에 열네댓 시간씩 일에 몰두했다. 프리다가 표현한 대로 '그는 예술이 신성하다거나 하는 따위의 바보 같은 생각은 갖고 있지 않았으며, 오히려 여느 벽돌공처럼 열심히 일하는 사람'이었다. 그가 작업하는 모습은 이곳에서 가장 흥미로운 구경거리의 하나가 되었고, 사람들은 그를 보기 위해 기꺼이 돈을 내고 표를 샀다.

　프리다는 이 시기에 거의 그림을 그리지 않았다. 시간을 견디기가 너무 힘들었기 때문에 그림에 매달릴 수밖에 없었던 디트로이트에서와는 달리 뉴욕의 시간은 좀더 가볍게 흘러가고 있었다. 유산과 어머니의 죽음이라는 터널을 힘겹게 빠져나온 그녀는 이곳에서의 생활을 즐기기로 단단히 마음먹었다.

　그림을 그리는 대신 그녀는 책을 읽고 친구들을 만나고 영화를 보고 쇼핑을 즐겼다. 프리다는 차이나타운의 상점이나 싸구려 시장을 좋아했다. 그녀는 토네이도(미국 중남부 지역에서 일어나는 강렬한 회오리 바람)처럼 시장을 휩쓸고 지나가다가 갑자기 걸음을 멈추고 지체 없이 뭔가를 사들이곤 했다. 그녀에겐 진품과 아름다운 물건을 알아보는 비범한 눈이 있었다. 그녀는 또 친구들과 게임도 즐겼는데, '멋진 시체' 놀이는 그녀가 가장 좋아하던 게임이었다. 이것은 초현실주의자들이 우연의 신비를 탐구하는 기법으로 차용했던 오래된 실내 놀이로, 첫 번째 사람이 상체를 그리고 종이를 접으면 두 번째 사람이 그 그림을 보지 않고 다음 부분을 그리는 식으로 진행되었다. 소름 끼치는 상상력의 소유자였던 프리다는 이 게임에서 매번 가장 웃기는 괴물을 그려 내곤 했으며, 사람들은 그렇게 만들어진 상체와 하체의 끔찍한 부조화에 폭소를 터뜨리지 않을 수 없었다.

뤼시엔 블로흐의 회상에 따르면 디에고와 프리다는 고전음악을 지겨워했다. 언젠가 카네기 홀에서 차이코프스키를 들으면서, 프리다는 음악이 연주되는 내내 낙서를 하고 종이학을 접고 낄낄거리며 못된 개구쟁이처럼 군 적도 있었다.

맨해튼 생활의 파국은 매우 극적인 방식으로 닥쳐왔다. 디에고는 록펠러센터 벽화에서도 자신의 정치적 노선을 굳이 감추려 들지 않았는데, 작업이 70퍼센트 정도 진척되자 그림 오른쪽에 묘사된 마르크스주의적 유토피아의 중심인물인 '노동자 지도자'가 레닌을 모델로 하고 있음이 분명해졌다. 록펠러센터의 분위기는 갑자기 험악해졌고, 넬슨 록펠러는 디에고에게 레닌의 초상을 익명의 다른 얼굴로 바꾸어 달라는 편지를 보냈다.

디에고는 레닌의 얼굴을 지우면 벽화의 전체 구성이 망가진다며 이를 거부했다. 대신 그는 화면 반대쪽에 에이브러햄 링컨의 얼굴을 그려 레닌의 얼굴과 균형을 맞추자는 타협안을 제시했는데, 5월 9일에 답장이 왔다. 열두 명의 경호원을 거느리고 쳐들어온 록펠러의 재정 대리인이 작업 중단을 지시했던 것이다. 대형 붓과 팔레트로 사용하던 음식 접시를 내려놓고 작업대에서 내려온 디에고에게 그는 계약금의

잔금에 해당하는 수표와 해고 통지서를 내밀었다. 디에고는 다시 한번 소동의 중심이 되었지만 재고의 여지는 없었다(그가 뉴욕을 떠나고 9개월 후에 벽화는 깎여 나갔다). 이어 5월 12일에는 시카고 만국박람회의 제너럴 모터스 빌딩 건축가인 앨버트 칸으로부터 애초 디에고에게 맡겨질 예정이었던 박람회 벽화 〈용광로와 주조장〉 의뢰가 취소되었다는 전보가 날아들었다.

디에고는 록펠러가 준 돈 중 남은 것을 가지고 사장된 벽화와 똑같은 벽화를 만들 것을 선언했다. 그는 친구 버트람 울프가 교장으로 있는 뉴 워커스 스쿨(신 노동자 학교) 건물에 라디오 시티의 프레스코 벽화를 재현하는 작업을 시작했다. 록펠러센터에서 쫓겨난 후, 무기력함에 그림을 그릴 수 없었던 그는 새로운 과제에 착수하면서 이내 활력을 되찾았다.

프리다는 작업장이나 공개 시위 장소 등 늘 그의 옆에 있었다. 평소 그녀는 시위를 일종의 연극이라 생각하여 별로 달갑게 여기지 않았다. 그러나 이때만큼은 동지로서, 지지자로서 모든 행동을 디에고와 함께 했다. 멕시코 인디언의 의상을 차려입고 디에고 옆에 꼿꼿하게 앉아 있는 그녀의 모습은 마치 '아스텍의 공주' 같았다. 그러나 록펠러센터에서의 투쟁은 프리다와 디에고의 사랑을 강화하는 데 도움이 되지 못했다. 원기를 회복한 디에고는 다시 여자들에게 한눈을 팔기 시작했다. 이번의 상대는 키예프 출신의 유대인 여류 화가 루이스 네벨슨이었다. 열정적인 예술 숭배자이자 남성 숭배자였던 이 아름다운 이혼녀는 디에고를 만난 지 얼마 되지 않아 그의 조수 대열에 합류했고, 이 대가를 모델로 표현주의적 초상화를 그리기도 했다.

프리다는 고독했고, 설상가상으로 건강마저 악화되었다. 오른쪽 발에 마비가 와서 거의 걸을 수도 없는 상태였다. 대도시의 찌는 듯한 무더위도 그녀의 우울을 더하는 데 한몫을 했다. 귀국 문제를 두고 두 사람의 말다툼이 잦아졌다. 디에고는 멕시코로 돌아가면 직면하게 될 경쟁과 음모, 물질적 궁핍으로 인해 귀국을 계속 거부하고 있었다. 반면에 프리다는 멕시코 사람들의 온정과 신랄한 유머, 살인마저도 웃어넘기는 대범한 감성이 그리웠다.

뤼시엔 블로흐는 어느 날 두 사람이 격렬하게 싸우는 장면을 목격했다. 뭔가를 움켜잡은 손 모양의 선인장을 그린 유화를 집어 들고 디에고가 소리쳤다.

"나는 이런 곳에 돌아가고 싶지 않아!"

프리다가 대꾸했다.

"나는 그런 곳에 돌아가고 싶어!"

디에고는 부엌칼을 집어 들고 프리다와 친구들이 공포에 질려 지켜보는 가운데 그림을 갈가리 찢어 버렸다. 그리고는 찢어진 캔버스 조각을 주머니에 쑤셔 넣고 아파트를 나가 버렸다.

프리다는 멕시코에 대한 그리움을 〈저기 내 옷이 걸려 있다〉라는 그림으로 표현했다.

합성된 이미지들로 이루어진 그림의 한복판에는 테우아나 풍의 적 갈색 자수 블라우스와 연두색 치마가 걸려 있다. 그 옆으로는 차가운 빌딩 숲과 꽉 막힌 창문들이 끝없이 늘어서 있고, 넘치는 쓰레기통과 공기를 오염시키는 굴뚝들, 기둥 위에 놓인 하얀 변기 등이 미국 사회의 추악한 이면을 암시하고 있다. 반면에 프리다의 옷은 분홍색 리본과 하얀 레이스로 장식되어 친근하고 여성적인 느낌을 준다. 그녀는 사람 대신 옷을 걸어 둠으로써 옷은 맨해튼에 있을지 몰라도 자신은 그곳이 아닌 다른 곳에 있다는 강력한 메시지를 전달하고 있다.

디에고는 세계 혁명이 산업화된 국가에서 일어날 것임을 확신했기 때문에 미국에 남아 있기를 원했다. 최소한 이데올로기의 바리케이드 앞에서 이미지를 총알처럼 쏘면서 싸울 수 있기를 바랐던 그에게 귀국은 시간적인 후퇴를 의미할 뿐이었다. 그는 프리다와 자신이 대의를 위해 향수와 개인적 안락을 희생해야 한다고 말했다. 그러나 프리다는 그 모든 것이 허튼 소리라고 생각했다.

프리다의 고통 앞에서 디에고는 결국 양보할 수밖에 없었다. 12월 초에 뉴 워커스 스쿨의 벽화를 완성하고, 록펠러가 준 돈을 전부 쓰겠다는 약속을 지키기 위해 뉴욕 트로츠키 파의 유니언스퀘어 본부에 두 점의 소형 벽화를 더 그린 다음, 완전히 무일푼이 된 디에고는 마침내 미국을 떠나기로 마음을 정했다.

1933년 12월 20일, 프리다와 디에고는 오리엔테호에 승선했다. 아바나를 거쳐 베라크루스로 가는 배였다. 친구들이 돈을 모아 표를 마련해 주었다. 이제 그들의 주머니에는 배 삯조차 남아 있지 않았고, 3년 전 멕시코를 떠나올 때 품었던 환상도 대부분 사라져 버렸다.

7. 작은 칼자국 몇 개

프리다와 디에고는 산앙헬에 새로 지은 집으로 돌아왔다. 디에고의 집은 분홍색, 프리다의 집은 파란색으로, 두 집 사이는 담장 대신 키 큰 파이프오르간 선인장으로 분리되어 있었다.

프리다는 집 두 채를 손질하고 꾸미느라 바빴고, 디에고는 중단했던 왕궁 벽화 작업을 계속하는 것 외에 멕시코시티 의과대학 벽화와, 미술의 전당에 록펠러센터 벽화를 복원해 달라는 의뢰를 받아 놓은 상태였다. 그러나 두 사람 모두에게 귀국 후의 생활은 행복하지 않았다.

처음부터 귀국을 원치 않았던 디에고는 자신을 멕시코로 돌아오게 한 프리다에게 골난 아이처럼 화를 냈다. 디트로이트에서의 무리한 다

이어트 때문에 그는 온몸이 바람 빠진 풍선처럼 늘어져 버린 데다 내분비 장애와 극심한 우울증에 시달리고 있었다. 매사에 의욕을 잃어버린 그는 일을 할 생각도 않고 주위 사람들에게 자주 짜증을 부렸다.

프리다의 건강도 좋지 않았다. 1934년 한 해 동안 그녀는 세 번이나 입원과 퇴원을 되풀이했다. 한 번은 맹장 수술, 또 한 번은 임신 석 달째의 중절 수술, 세 번째는 발 때문이었다. 엘로서 박사에게 쓴 편지에 그녀는 '오른발이 악화되고 있지만 어쩔 수 없습니다. 언젠가는 발을 절단해야 하겠지요.'라고 적었다. 디에고가 우울증과 무력감으로 일을 하지 못했기 때문에 재정 상태도 좋지 않았다. 연인 사이가 끝난 대신 마음을 털어놓는 평생 친구가 된 알레한드로에게 프리다는 우울한 편지를 썼다.

'머릿속이 눈에 보이지 않는 거미들과 작은 짐승들로 가득 차 있는 것 같아.'

이 때쯤, 프리다에게 끔찍한 사건이 발생했다. 그녀의 여동생 크리스티나와 디에고가 연인 관계가 된 것이었다. 1929년 디에고가 그린 보건부 벽화에서 크리스티나는 금발에 푸른 눈, 포동포동한 몸매를 가진 관능의 화신으로 등장한다. 1930년에 아들 안토니오를 낳고 얼마 후, 남편과 이혼한 그녀는 당시 코요아칸의 친정집에서 아버지와 아이들과 함께 살고 있었다. 디에고 리베라라는 특출한 인물과 결혼함으로써 세계적인 유명 인사가 되었을 뿐만 아니라, 비범한 예술가이기도 한

언니에 대해 크리스티나가 열등감과 경쟁심을 느꼈으리라 짐작하기는 어렵지 않다. 그러나 연년생인 자매는 어린 시절부터 삶의 모든 희로애락을 함께 해 온 분신같은 존재였다. 크리스티나가 프리다를 배신한 것은, 그러므로 경쟁심 때문이라기보다는 디에고 리베라라는 너무도 특별한 개성에 압도되었기 때문일 것이라고 보는 게 타당한 견해일 것이다.

디에고는 자신의 욕망에 충실할 뿐, 그로 인한 주변 사람들의 고통을 이해하지 못했다. 그 점을 제외하면 그는 한없이 다정다감하고 너그럽고 재미있는 남자였다. 그는 모든 여자들로 하여금 자신이 이 위대한 화가의 사랑을 받고 있다는 느낌을 갖게 하는 재주를 가지고 있었다.

실제로 그는 모든 여자들을 사랑했다. 그에게 여체의 아름다움은 이념과 지성의 무력함에 맞서는 격렬한 생명력의 상징이었다. 쾌락과 생명력에 대한 찬양은 그의 모든 작품의 중심 주제 가운데 하나였다. 그는 끊임없이 여자를 사랑함으로써 지속적으로 자신의 살아 있음을 확인해야 했고, 그로부터 영감과 에너지를 얻었다. 풍요로운 여체는 그의 생명력과 창조력의 원천이었으며, 그것이 없으면 그는 고갈되었다.

프리다는 그의 그런 특이한 생리와, 특이한 윤리관을 받아들일 수 있었던 유일한 여성이었다. 디에고에 대한 그녀의 사랑은 사치가 아니라 목숨과 같은 것이었기 때문에 그녀는 자기 자신보다 더 그를 사랑했고, 자존심조차 포기하고 그를 사랑했다. 그러나 이번의 상처는 치명적이었다. 멕시코로 돌아와 시도했던 임신이 또 한번의 실패로 돌아간 뒤, 고통과 슬픔 속에 누워 있던 그녀의 등 뒤에서 디에고는 다른 사람도 아닌 그녀의 여동생과 은밀한 관계를 맺고 있었던 것이다.

두 사람의 연애는 1934년 여름에 시작되어 1935년까지도 계속되었다. 프리다는 자신이 삶에 의해 살해당했다고 느꼈다. 디에고의 뻔뻔스러움과 크리스티나의 우유부단함이 그녀를 살해했다. 그녀는 디에고가 좋아하던 긴 머리를 잘라 버렸고, 그가 좋아하던 테우아나 의상도 더 이상 입지 않았다. 그 상황에서 자신을 부정하지 않는 길은 그를 떠나는 것뿐이었다.

1935년 초에 프리다는 자신이 가장 좋아하던 거미원숭이와 함께 산 앙헬의 집을 나와 멕시코시티 중심가인 인수르헨테스 거리의 조그만 아파트로 옮겨갔다. 이것이 그들의 첫 번째 별거였다. 디에고라는 태양으로부터 멀어짐으로써 그녀는 자신이 지옥처럼 차가운 허무에 빠져들게 되리라는 것을 알고 있었다. 닥쳐온 고통이 너무 커서 도저히 기록할 수 없다는 듯, 그녀 자신의 경험을 그림으로 그리는 대신, 그녀는 당시 멕시코시티에서 일어났던 끔찍한 살인 사건(술 취한 남자가 여자친구를 침대에 던져 놓고 칼로 난자하여 잔인하게 살해한 사건)에서 소재를 취한 〈작은 칼자국 몇 개〉를 그렸다.

그림 속의 여자는 머리를 자르고 온몸을 난도질당한 채 침대에 누워 있다. 살인자는 중절모를 비스듬히 쓰고 침대 옆에 서서 한 손에는 피 묻은 단도를 들고 한 손은 주머니에 찌른 채 희생자를 내려다보고 있다. 자신의 솜씨에 취한 듯 느긋한 표정을 짓고 있는 살인자의 얼굴은 바로 디에고의 얼굴이었다. 프리다는 그림의 바탕이 된 데생에다 사건 당시 남자가 법정에서 했던 진술을 기록해 두었다.

'그냥 칼로 몇 번 살짝 찔렀을 뿐입니다. 판사님, 스무 번도 안 된다고요.'

프리다의 블랙 유머는 참상을 즐기고 죽음을 비웃는 멕시코인 특유의 정서에 뿌리를 두고 있다. 멕시코 사람들이 즐기는 농담 중에는 '그는 운이 좋았다. 세 방의 총알을 맞았지만, 그를 죽인 총알은 한 방뿐이니까' 같은 것도 있고, 친구의 숙취를 없애 주기 위해 권총으로 친구의 머리를 날려 버린 남자의 이야기도 있다.

〈작은 칼자국 몇 개〉는 프리다가 고통을 몰아내기 위해 터뜨린 너털웃음이었다. 이 무렵의 일기에 그녀는 적고 있다.

'웃음보다 가치 있는 것은 없다. 웃음을 터뜨리는 것, 자기를 내던지고 가벼워지는 것, 이것이 바로 힘이다. 비극처럼 우스꽝스러운 것도 없다.'

그러나 웃음 뒤에 도사리고 있는 끔찍한 공허와 대면하는 일은 매순간 그녀의 의지력을 넘어서는 고통이었다. 7월 초에 그녀는 결국 짐을 싸서 뉴욕으로 날아갔다. 필사의 도피이자 무모한 비행이었다. 친구

아니타 브레너와 마리 샤피로가 동행했는데, 그녀들은 전날 밤 파티에서 만난 비행사가 조종하는 경비행기를 타고 멕시코를 떠나자는 즉흥적인 계획을 세웠다.

엿새간의 비행은 공포 그 자체였다. 비행기는 금방이라도 추락할 것처럼 요동쳤고, 도중에 불시착을 한 것도 여러 번이었다. 프리다는 공포를 잊기 위해 뒷좌석에서 줄곧 잠을 잤다. 천신만고 끝에 맨해튼에 도착했을 때, 그녀는 분명한 한 가지 사실을 깨달았다. 자신이 여전히 디에고를 사랑하고 있으며, 디에고야말로 자신에게 유일하게 중요한 사람이라는 사실이었다.

1935년 7월 23일, 그녀는 디에고에게 편지를 썼다.

⋯⋯이 모든 연애편지, 여자 속옷, 여자 영어 선생, 집시 모델, 잘해 주는 조수, 멀리서 찾아온 전권 대사⋯⋯ 이런 것은 그저 당신의 바람기를 상징할 뿐입니다. (중략) 우리가 함께 산 7년 동안 이런 일이 반복되어 왔습니다. 처음에는 화가 났지만, 그 덕에 결국 나는 나 자신보다 당신을 더 사랑한다는 것을 알았습니다. 당신은 내가 당신을 사랑하는 것만큼 나를 사랑하지 않지만, 그래도 조금은 나를 사랑하고 있습니다. 그렇지요? 앞으로도 당신이 나를 조금이라도 사랑하길 바랍니다. 그것으로 족합니다.

뒷날 디에고가 자랑삼아 떠벌인 바에 따르면 그녀는 자존심이 무척

상했지만 변함 없는 사랑으로 디에고에게 돌아왔다. 상처는 아문 것이 아니라 아문 것처럼 위장된 것이었지만, 프리다는 형언할 수 없는 고통이 언젠가는 지나가리라는 희망으로 다시 시작된 디에고와의 생활에 최선을 다하려고 노력했다. 그것은 외롭고 힘든 투쟁이었다.

그해 11월 26일 엘로서 박사에게 쓴 편지에서 그녀는 '이번 일은 내 잘못이 컸다는 사실을 알고 있습니다. 애초부터 그가 원하던 것을 이해하지 못했고, 피할 수 없는 일에 맞섰기 때문입니다'라고 적으면서, 그럼에도 불구하고 너무 깊은 슬픔과 권태에 빠져 그림을 그릴 수 없는 자신의 고뇌를 털어놓았다. 이제 공허와 우수는 그녀의 일부가 되었고, 이후에 그려진 모든 작품들의 정서적 배경이 되었다. 그녀는 이제 더 이상 중요한 배우자의 귀여운 부속물이 아니었고, 그런 척할 수도 없었다. 그녀는 홀로 서기를 배워야 했다. 〈추억〉, 〈벌어진 상처를 기억하며〉 등 일련의 작품들은 그녀가 고통과의 부단한 투쟁을 통해 새로운 개방성과 독립성이라는 내적 혁명을 이루어 냈음을 보여 준다. 자신의 고통과 상처와 약점을 드러냄으로써 강인해지는 그녀만의 독특한 개성이 형성되기 시작한 것은 이때부터였다.

그 무렵 산앙헬에 있는 디에고와 프리다 부부의 집은 국제적 지식인의 메카가 되어 있었다. 수많은 작가, 화가, 사진작가, 음악가, 배우, 망명객, 정치 활동가, 예술 후원자들이 그들의 푸른색 집과 분홍색 집을 드나들었다. 방문객들 중에는 존 도스 패서스 같은 외국의 유명 작가도 있었고, 카르데나스 대통령과 사진작가 마누엘 알바레스 브라보 같은 멕시코의 거물들도 있었다.

산앙헬의 손님들은 아름다운 테우아나 의상을 차려입은 프리다가 재기발랄한 모습으로 좌중을 휘어잡던 모습을 기억한다. 꽃과 과일로 뒤덮인 식탁에는 화려한 오찬이 차려지고, 부부가 기르는 원숭이들이 손님들 사이를 누비고 다니며 장난을 쳤다.

밤이 되면 프리다는 친구들과 함께 도심의 나이트클럽을 찾았다. 불구이기 때문에 할 수 없었던 일들 가운데서도 춤은 그녀가 유난히 좋아했던 것이었다. 그녀는 신비하고 매혹적인 미소를 머금고 자리에 앉아 고양이 같은 눈으로 춤추는 사람들을 지켜보길 즐겼다. 그녀는 또 향수병에 술을 넣어 가지고 다니면서, 향수를 뿌리려는 것처럼 블라우스 안에서 향수병을 꺼내 재빨리 마셔대곤 했다. 동작이 어찌나 빨랐던지 대부분의 사람들은 그녀가 무엇을 하는지도 몰랐다. 그녀는 술을 좋아했고 많이 마셨다. 그녀의 알코올중독을 걱정하는 친구에게, 그녀는 술에 의존하지 않을 수 없는 자신의 내면을 재치 있게 암시하는 편지를 써 보냈다.

'슬픔을 술독에 빠뜨려 버리려 했는데, 빌어먹을 슬픔이 이제는 수영을 배웠나 봐요.'

술을 마시면 그녀는 말끝마다 시장에서 주위들은 욕설과 비속어를 지껄여 댔다. 그녀가 사용하는 비속어에는 특별한 윤기와 신랄한 재치가 있었다. 멕시코 사람들은 가난과 체념과 고독을 요란한 잔치와 폭소로 경박하게 표현하는 경향이 있었는데, 주정뱅이년의 자식, 멍청이, 뚱쟁이 등 그녀가 자주 내뱉던 비속어들은 절망을 해소하기 위한 그녀 나름의 폭력이면서 멕시코인으로서의 긍지와 오만을 표현하는 수단이었다.

이 무렵, 재능 있는 예술가이자 활기와 매력이 넘치는 미남이었던 일본계 미국인 조각가 이사무 노구치가 그녀의 세계에 뛰어들었다. 당시 구겐하임 보조금을 받아 멕시코에 체류하면서 멕시코시티 아베라르도 엘 로드리게스 시장의 양각 벽화를 제작 중이던 노구치는 프리다를 보자마자 한눈에 반했다.

"나는 그녀를 아주 많이 사랑했다. 그녀는 사랑스럽고 정말이지 경이로운 사람이었다. 디에고는 유명한 바람둥이였으니, 그녀가 다른 남자에게 눈길을 준 것을 나무랄 수는 없다."

프리다는 고통의 껍질을 부수고 나와 새로운 모험 속으로 스스로를 열어 갈 준비가 되어 있었다. 그녀는 이 젊고 매력적인 남자의 정열을 거부할 필요를 느끼지 않았다. 프리다는 다시 한번 사랑으로 타오를 수 있기를 원했다. 두 사람은 그들만의 보금자리를 꾸밀 계획을 세우고 가구도 주문했다. 그러나 배달부가 가구를 디에고와 프리다의 것으로 생각하고 산앙헬로 찾아가 디에고에게 청구서를 내밀었다. 두 사람의 로맨스는 둘의 관계를 눈치 챈 디에고가 총을 휘두르며 코요아칸 집으로 뛰어드는 바람에 코믹하게 종결되었다.

"디에고는 총을 들고 쫓아왔다. 그는 항상 총을 가지고 다녔다. 다음 번에 그가 나에게 총을 들이댄 것은 병원에서였다. 프리다가 아파서 문병을 간 것인데, 디에고는 나에게 총을 들이대며 '또 다시 내 눈앞에 나타나면 쏴 버리겠어!' 라고 소리쳤다."

디에고는 프리다의 애인들에 대해서는 가차 없는 반응을 보였다. 자신의 여성 편력과 그녀의 연애 사건은 전혀 별개의 문제라는 태도였다. 프리다는 그 이후에도 남자들과의 유희를 벌이곤 했는데, 이사무 노구치에 이어 그녀의 리스트에 기록될 인물은 러시아 군대의 창설자이자 10월 혁명의 주역인 레온 트로츠키였다.

1933년에 트로츠키는 스탈린의 제3인터내셔널을 비판하며 제4인터내셔널을 결성했다. 당시 디에고는 트로츠키 파에 공감을 표명했고, 1936년 이후 공식적으로 트로츠키 당 멕시코 지부에 가입했다.

제15차 볼셰비키 전당대회의 결정에 따라 모스크바에서 추방당한 뒤, 9년이라는 긴 세월 동안 망명객으로서 유럽 각지를 떠돌던 트로츠키가 멕시코에서 안식처를 구할 수 있었던 것은 전적으로 디에고의 활약 덕분이었다.

트로츠키가 마지막으로 머물렀던 노르웨이 정부 당국이 소련의 경제 압력에 굴복하여 그에게 추방령을 내린 데 이어 그가 망명을 요청한 모든 나라들이 거절 의사를 표명하자 트로츠키와 세계 각지의 트로 츠키 파는 절망에 빠졌다. 멕시코 정부가 트로츠키의 망명 요청을 받아들일 것인지의 여부에 그의 생사가 걸려 있다는 뉴욕으로부터의 긴급 전보가 디에고에게 날아든 것은 그 즈음이었다. 디에고는 멕시코 트로츠키 파의 지도자인 옥타비오 페르난데스와 함께 비밀리에 카르데나스 대통령을 만났다. 그는 자신의 이름으로 트로츠키 망명 청원서를 카르데나스에게 제출했고, 카르데나스는 트로츠키 파가 멕시코 내정에 간섭하지 않는다는 조건으로 청원을 수락했다. 레온 트로츠키와 나탈리아 트로츠키 부부는 1936년 유조선 루스호를 타고 오슬로를 떠나 멕시코로 향했다.

루스호는 1937년 1월 9일 아침 탐피코 항에 도착했다.

그 무렵, 눈병과 신장병으로 병원에 입원한 디에고를 대신하여 프리다가 선상까지 올라가 트로츠키 부부를 마중했다. 트로츠키 당의 몇몇 핵심 인물들, 정부 인사들, 내외신 기자들을 포함한 일행은 카르데나스 대통령이 내준 특별 열차를 타고 비밀리에 멕시코시티 교외의 작은 역 레체리아에 도착했다.

디에고는 트로츠키 부부에게 코요아칸의 파란 담장 집을 2년간 무상으로 제공했다. 크리스티나는 그곳에서 몇 블록 떨어진 아가요 거리의 집으로 이사한 후였고, 기예르모 칼로도 아드리아나와 함께 새로 지은 집으로 이사를 나갔다. 디에고는 진짜든 상상이든 이 일이 위험을 내

포한다는 사실에 흥분했고, 트로츠키의 안전에 만전을 기했다. 믿을 만한 일손이 필요했기 때문에 프리다는 자기 집의 하인들을 코요아칸에 배치했으며, 그녀 자신이 통역과 안내를, 크리스티나는 운전을 맡았다. 안전을 위해 거리 쪽 창문들을 벽돌로 막았고, 트로츠키 당원들과 경찰이 교대로 불침번을 섰다. 이웃에서 공격해 올 수도 있다는 데 생각이 미친 디에고는 옆집을 통째로 사 버렸다.

1936년 7월에 스페인 내전이 발발하자 디에고와 프리다는 공화파 지지자들과 함께 스페인 민병대 후원회를 결성하여 공화파 지원 활동을 펼쳤다. 그 일을 통해 부부간의 결속감을 어느 정도 회복하게 되었다. 디에고는 자신의 정치적 영웅을 보호하고 후원하는 역할을 맡게 된 데 열광하고 있었다. 프리다 역시 완벽한 안주인으로서의 역량과 재능을 발휘했다. 혁명 영웅으로서의 명성과 더불어, 트로츠키의 탁월한 지성과 강한 개성은 프리다에게도 상당한 매력으로 작용했다. 디에고가 그를 숭앙한다는 사실이 그런 감정을 더욱 부채질했다.

프리다는 영어를 모르는 나탈리아 앞에서 공공연히 '안녕, 내 사랑!' 따위의 장난스럽고 애교어린 영어 인사를 던지곤 함으로써 트로츠키와의 사이에 은밀한 친밀감을 조성했다. 당시 그녀는 전성기의 미모와 감각적인 입술을 가진 매혹적인 여인이었다. 스물아홉 살의 만개한 젊음과 강렬한 개성이 결합된 독특한 사랑스러움은 누구도 거부할 수 없는 매력을 발산했다. 트로츠키는 편지를 써서 책갈피에 끼우고

독서를 권하는 수법으로 프리다에게 손을 뻗었고, 이내 연애 관계로 발전했다.

혁명과 망명으로 점철된 생의 가시밭길을 걸어 60대에 이른 노 혁명가의 뒤늦은 정열은 태풍처럼 거칠고 무모하고 일면 유치했다. 반면에 프리다는 이 위대한 러시아인이 바친 사랑에 우쭐했고 그의 정신에 매료된 것도 사실이었지만 결코 그를 사랑했던 것은 아니었다. 다행히 디에고는 눈치 채지 못했지만, 두 사람의 관계를 알게 된 나탈리아는 질투와 절망감으로 깊은 우울에 빠졌다. 열다섯 살에 트로츠키와 결혼하여, 35년이라는 긴 세월의 고락을 함께 해 온 그녀의 이지적인 얼굴에는 보기에도 애처로울 정도의 깊은 주름과 그늘이 드리워졌다.

모두에게 재앙이 될 것이 뻔한 불장난으로부터 먼저 발을 빼기로 결심한 쪽은 프리다였다. 트로츠키는 프리다에게 무려 아홉 장에 달하는 편지를 보내 자신을 버리지 말아 달라고 애원했지만, 결국 되살릴 수밖에 없었던 아내에 대한 사랑과 회한을 안고 나탈리아에게 돌아갈 수밖에 없었다.

그로부터 몇 달 후, 프리다는 옛 애인에게 선물을 보냈다. 러시아 혁명 기념일이자 트로츠키의 생일이었던 11월 7일에 트로츠키에게 배달된 자화상에서 프리다는 새침하게 깍지 낀 손에 '나의 모든 사랑을 담아 레온 트로츠키에게 이 그림을 바칩니다. 1937년 11월 7일에 멕시코 산앙헬에서 프리다 칼로'라고 쓴 종이와 작은 꽃다발을 들고 있다. 식민지 시대의 보석들과 자주색 카네이션, 빨간 리본으로 치장하고 커튼 사이에 다소곳이 서 있는 그녀의 모습은 넋이 나갈 만큼 매혹적이다. 프리다는 떠나간 남자의 뇌리에 그러한 자신의 모습을 영원히 각인하고자 했다. 자신이 버린 남자에게서조차 잊혀지기를 거부하는 그녀의 욕망이 손에 잡힐 듯이 생생하게 느껴지는 그림이다.

프랑스의 초현실주의 시인이자 수필가인 앙드레 브르통은 뒷날 트로츠키의 서재에서 그녀의 자화상을 본 소감을 다음과 같이 기록했다.

'……이 젊은 여성의 등장을 지켜볼 수 있는 것은 우리 시대의 특권이다. 그녀는 모든 유혹의 재능을 갖추었을 뿐 아니라 천재 남성들의 사회에도 익숙한 여성이다. 이보다 더 철저하게 여성적인 예술은 없다. 최대한의 유혹을 위해서라면 극단적인 순수함과 사악함 사이를 기꺼이 오간다. 프리다 칼로의 예술은 폭탄에 두른 리본이다.'

트로츠키와의 관계를 정리한 뒤, 프리다는 그때까지의 결혼 생활에서 그린 그림 전부를 합친 것보다 더 많은 그림을 그렸다. 이 무렵부터 그녀는 화가로서의 삶을 보다 진지하게 생각하기 시작했고, 좀더 규칙적으로 작업하며 엄청나게 기교를 향상시켰다.

사실 그녀에게 그림은 아직도 프리다 칼로를 연출하고, 프리다 칼로가 되는 일의 일부일 뿐 그 이상은 아니었다. 그녀는 여전히 아마추어를 자처하면서, 자신이 화가로 대우받기보다는 한 사람의 유쾌한 인간으로 평가받길 원했다. 그러나 디에고와 크리스티나의 연애 사건으로 벌어진 부부간의 거리는 좀처럼 좁혀지지 않았다. 프리다는 그때까지 절대적으로 디에고에게 두고 있던 무게 중심을 다른 곳으로 옮겨갈 수밖에 없었고, 그 대상은 그림이 될 수밖에 없었다. 1938년 봄 친구인 엘라 울프에게 보낸 편지에 프리다는 그러한 심경을 간결하게 적어 놓았다.

'지금까지는 디에고를 사랑하느라 인생을 소모하며 일에 있어서는 쓸모없는 인간이었지만, 이제는 디에고를 계속 사랑하면서 동시에 진지하게 원숭이를 그리기 시작하려 해.'

프리다의 편지는 젊은 시절 그녀의 우상이었던 티나 모도티가 1925년 사진작가인 에드워드 웨스턴에게 보낸 편지를 떠올리게 한다.

'삶에 너무도 많은 예술, 너무도 많은 에너지를 쏟아 버려서 정작 예술을 위한 건 내게 아무 것도 남지 않았어요. 어떤 형식으로든 창조적인 것을 예술이라고 볼 때 말예요.'

그러나 삶이 프리다를 예술로 돌려보냈다. 아니, 삶을 지탱할 에너지를 얻기 위해 그녀는 예술이라는 깊고 어두운 갱도 속으로 내려가야만 했다. 프리다의 작품에 멕시코적 원시주의의 색채가 한층 짙어지기 시작한 것은 이 무렵부터의 일이다.

그녀는 원시주의를 통해서 대중과의 연대감을 표현했다. 그녀가 대중 예술 양식을 차용한 것은 정교하게 만들어 낸 자기 이미지에도 부합하는 것이었다. 멕시코 대중 예술은 프리다의 의상과 마찬가지로 축제를 연상시키는 색채와 환희로 가득하며, 그녀의 인생과 마찬가지로 극적이고 처참하다. 프리다가 때로는 당혹감을 안겨 주기도 하는 매력적인 민속 회화를 그린다는 사실은 스스로를 전설적이고 이국적인 인물로 설정한 프리다의 자기 연출을 더욱 돋보이게 해 주었다. 대중 예술 양식은 또 다른 이점을 지닌다. 원시주의를 드러내는 동시에 은폐한다. 이러한 태도를 통해서 그녀는 너무도 익숙한 자신의 고통을 과시함과 동시에 은폐하고 조롱했다(헤이든 헤레라, 《프리다 칼로》).

디에고는 이 시기에 프리다가 '자신의 고뇌를 그림 속에 승화시킨 몇 점의 걸작을 남겼다'고 회고했다. 그러나 진실은 그녀의 마음속 깊은 곳, 자신의 태양을 잃어버렸다는 끔찍한 공허감 속에 숨어 있었다. 현실에서 그녀는 여전히 강인하고 유쾌한 여전사의 가면을 쓰고 있었지만, 그녀의 그림들은 당시 그녀가 보낸 고통의 시간들과 치유할 수 없는 고독, 정신착란과 자기 파멸에 대한 강박관념, 광기에 대한 두려움을 가감 없이 보여 준다. 그녀는 달리 어쩔 수도 없었기 때문에 그림에 매달렸다. 이제 그림은 그녀에게 필수적인 것이 되었고, 상실을 극복하고 살아갈 유일한 까닭이 되었다.

프리다는 1938년 초에 디에고의 권유를 받아들여 멕시코시티에 있는 작은 대학화랑 그룹전에 참가했다. 그녀의 화가로서의 삶에 하나의 전기를 마련해 준 이 전시회에 그녀는 그림 네 점을 출품했는데, 그녀의 작품을 보고 감동한 줄리앙 레비가 뉴욕에서의 개인전을 제안했다. 맨해튼 동부 57번가에 작고 우아한 화랑을 가지고 있던 그는 프리다에게 편지를 보내 그 해 10월에 자신의 화랑에서 서른 점 규모의 전시회를 열었으면 한다는 의사를 전해 왔다.

이어 8월에는 역시 디에고의 주선으로 영화 스타 에드워드 G. 로빈슨이 그녀의 그림 네 점을 구입했고, 아내 자클린과 함께 멕시코를 방문 중이던 앙드레 브르통은 그녀의 뉴욕 데뷔에 이은 파리 전시회를 마련하겠다고 제의했다. 이 모든 일들이 프리다의 자립심과 독립심을 북돋았다. 친구들이 전시회 성공을 기원하며 성대한 송별회를 열어 주었고, 10월 초에 그녀는 뉴욕으로 떠났다.

〈유모와 나〉, 〈추억〉, 〈저기 내 옷이 걸려 있다〉, 〈물이 준 것〉, 〈벌어진 상처를 기억하며〉 등 모두 25점의 작품이 전시회에 출품되었다. 기라성 같은 예술계의 거물들과 엄청난 관람객들이 그림을 보기 위해 몰려들었고, 전시된 작품들 가운데 절반가량이 팔려 나갔다. 대공황기라는 당시의 시대 상황을 감안하면 대단한 일이 아닐 수 없었다. 언론의 반응은 대체로 호의적이었다.

"프리다의 그림에는 소박함이라는 멕시코 고유의 특징, 보기 드문 여성적 솔직함과 친밀함, 초현실주의적 요소라고 할 수 있는 세련됨이 한데 어우러져 있다."

"그녀의 그림은 세밀화의 귀여운 우아함과 멕시코 전통의 선명한 빨간색과 노란색, 감상에 빠지지 않는 어린이의 장난 같은 공상을 보여 주었다."

그림에 쏟아진 것과 마찬가지의 엄청난 관심이 화가 자신에게 쏟아졌다. 앙드레 브르통은 프리다가 "초현실주의자의 필수 덕목인 악마적 아름다움을 지녔다"고 말했다. 초현실주의 비평가 니콜라스 칼라스는 그녀가 "초현실주의자의 이상형에 완벽하게 부합했다. 그녀에게는 연극적 자질과 상당한 기벽이 있었다. 프리다는 항상 의식적으로 자신의 역할을 연기했고, 그녀의 이국 취향은 금방 사람들의 주의를 끌었다"고 평했으며, 줄리앙 레비는 그녀를 "일종의 신화적 인물로, 이 세상 사람 같지 않게 오만하며 절대적 자신감에 차 있는 동시에 너무나도 부드러우면서 난초처럼 남성적"이라고 묘사했다.

언론과 평단이 그녀와 그녀의 작품들을 은연중에 초현실주의의 소산으로 분류하고 있는 것은 놀라운 일이 아니었다. 그녀의 자학적 초상화들은 명확히 고통에 대한 초현실주의적 강조와 억제된 에로티시즘의 세계를 보여 주고 있었으며, 그녀 자신이 말한 그녀의 성향에도 초현실주의와 일맥상통하는 부분이 없지 않았다.

"나는 놀라운 것과 예측할 수 없는 것을 좋아해요. 사실주의를 넘어서고 싶습니다. 책을 보고 싶은 것이 아니라 책에서 사자가 뛰쳐나오는 것을 보고 싶은 거지요. 당연히 나의 그림은 이러한 취향과 정신을 반영합니다."

그러나 프리다의 세계관은 초현실주의자들의 그것과는 완전히 달랐다.

"그녀의 예술은 잠재의식을 탐구함으로써 논리의 한계를 벗어나고자 했던, 유럽 문화에 환멸을 느낀 지식인들의 산물이 아니었다. 오히려 그녀의 판타지는 자신의 기질과 인생과 장소의 산물이었다. 그것은 그녀가 현실과 관계를 맺는 방법이었지, 현실에서 벗어나 다른 영역으로 달아나기 위한 수단은 아니었다."

디에고를 포함한 몇몇 분별 있는 평론가들만이 프리다의 미술과 정통 초현실주의 사이의 차이점을 인식했다. 디에고는 그녀의 그림들이 언제나 그녀 자신의 내면과 외면, 그리고 세계를 그려 내고 있음을 지적하면서 그녀를 초현실주의자로 분류하는 견해들을 일축했다. 미술사학자 안토니오 로드리게스 역시 프리다에 대한 일련의 논문에서 그 점에 관한 자신의 관점을 분명하게 밝혔다.

"프리다는 초현실주의자가 아니며 오히려 현실에 깊이 뿌리박은 화가, 특출하게 사실적인 화가이다. 프리다의 작품은 초현실주의자들의 작품과 닿아 있는 것처럼 보이지만 선정적인 꿈 풀이 세계에서의 방황이 아니라 자신의 끔찍한 경험에 관한 자서전이다."

나중에 프리다는, 자기는 결코 초현실주의자가 아니라고 맹렬하게 부인했다. 1940년대에 접어들어 초현실주의의 인기가 시들해지면서 수많은 예술가들이 초현실주의를 퇴폐적이고 유럽적인 것이라며 매도하기 시작했다. 그러나 프리다의 뉴욕 전시회가 열릴 당시만 해도 초현실주의자라는 꼬리표는 비평계의 갈채를 끌어낼 수 있는 유력한 티켓이었다. 프리다는 자신을 초현실주의자로 몰아가려는 사람들에게 굳이 이의를 제기하지 않았고 그럴 필요를 느끼지도 않았다.

뉴욕에서 그녀는 새로운 사랑에 빠졌다. 프리다를 처음 만났을 무렵, 니콜라스 머레이는 뉴욕에서 가장 인정받는 사진작가 중의 한 사람이었다. 헝가리계 미국인으로, 호리호리하면서도 건장한 체구에 귀족적인 용모의 소유자였던 그는 두 차례나 미국 펜싱 챔피언을 지낸 스포츠맨에다 직접 비행기를 몰기도 했던 다재다능한 인물이었다. 그는 프리다를 보자마자 곧바로 그녀에게 사로잡혔다. 그녀의 이국적인 미모, 숯처럼 검은 눈에서 일렁이는 불꽃, 젊고 발랄한 성격과 계속되는 유혹에 저항한다는 것은 불가능했다. 프리다 역시 세련되고 자신만만한 그에게 깊이 매료되었다.

두 사람은 열렬한 사랑에 빠져들었고, 뉴욕에서 3개월을 함께 지냈다. 그들은 바르비종 거리의 식당에서 느긋하게 아침을 먹고 함께 그의 사진 작업실로 향하곤 했다. 그와 함께 화려하고 번잡한 맨해튼의 거리를 걸을 때 프리다는 디에고와 그를 둘러싼 생의 모든 고뇌를 잊을 수 있었다. 그것은 기약 없는 사랑이었지만, 그녀의 전 생애를 통틀어 가장 행복한 추억임이 분명했다.

바로 이 무렵에 니콜라스 머레이의 인물 사진 중 가장 아름다운 작품이 태어났다. 인디언 풍의 심홍색 숄로 몸을 감싸고 약간 나른하고 차분한 표정으로 정면을 응시하고 있는 프리다의 사진이었다. 그녀는 이 사랑이 어떤 결과를 가져올지 예측하려 들지 않았다. 그와의 사랑은 상처와 고통으로 점철된 그녀 삶의 부적과도 같은 것이었다. 전시회를 위해 파리로 건너가서도 그녀는 그에게 강렬한 감정이 담긴 편지와 전보를 잇달아 띄웠다.

키드, 매일 드나들 때 우리 계단에 불을 켜고 있나요? 매일 그렇게 하는 것 잊지 말아요. 내가 몹시 좋아하던 조그만 쿠션을 베고 자는 것도 잊지 말구요. 간판이나 거리 이름을 바라볼 때 아무도 끌어안지 말아요. 누구랑 함께 센트럴 파크를 산책하지도 말구요. 그 공원은 우리의 것이니까요.

멀리서 당신의 온몸에 키스를 보내요. 맥신 설리번의 음반을 자주 듣도록 해요. 그곳에서 당신과 함께 그녀의 노래를 들을래요. 당신이 흰색 가운을 입고 파란색 소파에 누워 있는 모습이 보여요. 당신이 불 옆 조각상에 총을 쏘는 모습이 보여요. 스프링이 튀어 오르고, 당신의 웃음소리가 들려요. 어린아이 같은 웃음소리. 당신은 제대로 맞추면 그렇게 웃곤 했죠. 오, 내 사랑 닉, 당신을 사랑해요. 당신이 너무 그리워 가슴이 아파요…….

피에르 콜르 화랑에서 개최될 '멕시코 전'에 참가하기 위해 프리다는 1939년 1월 파리로 떠났다. 그녀는 앙드레 브르통의 집에 머물면서 마르셀 뒤샹, 이브 탕기, 피카소 같은 유명 화가들의 열렬한 환대를 받았다. 그러나 파리는 그녀에게 그다지 좋은 인상을 심어 주지 못했다. 앙드레 브르통은 그녀의 방문에 대해 아무런 준비도 해 놓지 않았고, 심지어는 그녀를 자신의 딸과 같은 방에 묵게 했다. 그녀는 파리의 불결함과 음식을 참아 낼 수 없었고, 장에 탈이 나서 한동안 고생을 해야 했으며, 말이 통하지 않았기 때문에 속 시원히 분통을 터뜨릴 수도 없었다. 파리의 괴상망측한 초현실주의자들이 멕시코에 관한 작품이랍시고 늘어놓은 것들은 하나같이 쓸모없는 쓰레기로 보였다. 게다가 그곳의 지식인들은 넌더리가 날 정도로 지긋지긋했다.

니콜라스 머레이에게 쓴 편지에서 그녀는 그들에 대한 혐오감을 숨김없이 드러냈다.

그들이 어찌나 썩었는지 더 이상 참을 수가 없을 정도예요. 이 예술가인 척하는 파리의 멍청이들과 일을 하느니 차라리 톨루카 시장 바닥에 앉아 옥수수 부침개나 파는 게 낫겠어요. 난 디에고나 당신이 이렇게 어리석은 수다와 현학적인 토론에 시간을 낭비하는 모습을 본 적이 없어요. 당신들이 진짜 남자인 까닭이 바로 여기 있겠지요.

프리다는 전시회가 경제적 성공을 거두지 못할 것이라고 예상하고 있었다. 당시 유럽 사람들은 전쟁을 겁내고 있었고, 부자들은 그림을 사려 들지 않았다.

그녀의 예상대로 전시회는 경제적 측면에서 이렇다 할 성과를 거두지 못했다. 그러나 프리다의 작품은 〈라 플래쉬〉에서 호평을 받았고, 평론가 L. P. 푸코는 그녀의 모든 작품들이 '무한과 영원으로 통하는 문'이라고 극찬했다.

루브르 박물관은 그녀의 〈액자〉를 구입하기로 결정했다. 연두색 리본으로 머리를 치장하고, 손에는 커다란 노란 꽃을 들고 있는 이 자화상은 남아메리카 출신 화가의 그림으로는 최초로 루브르에 소장된 작품이었다.

디에고는 프리다가 파리를 정복했다고 말했다.

"……그들은 열광했다. 칸딘스키는 그녀의 그림에 감동한 나머지, 눈물범벅이 된 얼굴로 전시장의 모든 사람들이 보는 앞에서 그녀를 얼싸안고 그녀의 이마와 볼에 입을 맞추었다. 그 까다로운 피카소도 프리다의 예술과 프리다에게 찬사를 보냈다. 피카소는 그녀를 만난 순간부터 그녀가 떠나는 날까지 그녀의 매력에서 벗어나지 못했다."

피카소는 그녀에게 별갑(자라의 등딱지)으로 만든 작은 손에 황금 소매가 달려 있는 귀고리 한 쌍을 선물하고 〈고아〉라는 노래를 직접 가르쳐 주기도 했다.

프리다가 파리를 정복했다고 한 디에고의 말은 과장이 아니었다. 〈보그〉는 프리다의 〈손〉을 잡지의 첫 장에 게재했고, 디자이너 스키아파렐리는 그녀의 원주민 의상에서 영감을 얻어 '마담 리베라' 스타일을 만들어 냈으며, 시인 폴 엘뤼아르, 화가 막스 에른스트 같은 초현실주의 그룹의 명사들이 그녀에게 경의와 따뜻한 애정을 표했다.

프리다는 그해 3월 25일 파리에서의 모든 일정을 끝내고 뉴욕으로 돌아가기 위해 르아브르 항구를 출발했다. 이제 그녀는 디에고 리베라의 수줍은 신부가 아니라 세계 문화의 중심부에 이름을 알린 당당한 예술가였다. 그런데도 가슴속의 공허와 고뇌는 사라지지 않았다. 그녀와 디에고는 멀리서나마 여전히 서로를 걱정하고 격려하고 있었지만 두 사람 사이는 점점 멀어지고 있는 듯 했다. 그리고 이제 돌아갈 뉴욕에서는 그녀가 미처 예기치 못했던 또 하나의 가슴 아픈 작별이 그녀를 기다리고 있었다.

8. 부서진 영혼

프리다가 뉴욕에 머무르고 있던 1938년 12월 8일. 디에고의 생일이었던 그날, 프리다는 오직 또 한 명의 프리다만이 들을 수 있었던 진실을 일기에 적었다.

살아가는 동안 결코
당신의 존재를 잊지 않으리라.
당신은 지친 나를 안아 주었고
어루만져 주었지.
너무도 작은 이 세상에서

이제 시선을 어디로 향해야 하나?

너무 넓고, 너무 깊어라!

이제 시간이 없다. 아무 것도 없다.

아득함. 오직 현실만이 존재한다.

그랬다. 항상 그랬다.

뉴욕에서 그녀는 니콜러스 머레이를 열렬히 사랑했고, 그 사랑이 진정이라는 것을 머레이도 알고 있었다. 그렇지만 그 자신이나 다른 어떤 남자도 디에고의 경쟁자가 될 수 없다는 사실을 그는 또한 알고 있었다. 언제 어느 곳에 누구와 있을 때라도 프리다의 마음 가장 깊은 곳에는 디에고가 있었다. 그녀는 유혹의 미뉴에트를 좋아했고 또 잘 추었지만 유혹에 열중하고 있을 때조차 그녀의 관심은 디에고에게 집중되어 있었다. 그것이 그녀의 진실이었다. 바로 그런 점을 들어 그녀에게 결별을 통고했을 때, 사실 머레이의 마음은 이미 다른 여자에게로 옮겨가 있었다.

프리다가 뉴욕을 떠날 때, 머레이는 그곳에 없었다. 프리다는 4월에 멕시코로 돌아왔고, 5월 중순경 머레이로부터 다소 냉소적인 편지가 날아왔다.

'뉴욕은 일시적인 대용품을 파는 곳이잖소. 당신이 돌아간 안식처가 떠날 때 모습 그대로였기를 바라오. 우리 셋 중에 당신들 둘만 함께였

소. 늘 그렇게 느꼈다오. 당신이 그의 목소리를 듣고 눈물을 흘릴 때 나는 알았소. 나의 존재 전부는 당신의 존재 절반이 베풀어 준 행복에 영원히 감사하오. 내 사랑 프리다, 당신처럼 나 역시 진실한 사랑에 목 말랐고, 당신이 떠났을 때 모든 것이 끝났음을 알았소. 당신의 직감은 옳았소. 당신은 현명한 일을 한 것이오. 나는 당신을 위해서 멕시코를 뉴욕으로 옮겨 올 힘이 없고, 멕시코가 당신의 행복에 얼마나 중요한 지도 알고 있으니까.'

절망한 프리다는 전화를 걸어 그의 마음을 되돌려 보려고 했다. 그 러나 머레이는 변함없는 우정을 다짐하면서, 그녀가 스스로에게 어울 리는 모습으로 훌륭하게 살아가리라 믿는다는 짤막한 편지를 보내왔 을 뿐이었다. 결국 프리다는 6월 13일 결별을 인정하는 답장을 썼고, 미혼이었던 머레이는 그해 9월에 결혼했다.

디에고와의 이혼이 가시화되고 있던 상황에서 그것은 또 하나의 잔 혹한 배신이었다. 언제 어느 곳에 누구와 있을 때라도 디에고는 여전 히 프리다의 마음 가장 깊은 곳에 있는 사람이었지만, 이제 더 이상 머 레이가 말한 것처럼 그들은 함께가 아니었고, 멕시코 역시 행복의 땅 이 아니었다. 프리다는 아직 더 많은 시련을 겪어야 했다. 그녀는 다시 지옥을 벗어나야, 더 많이 피 흘리고 방황해야 했다.

일설에 의하면 프리다와 니콜러스 머레이의 관계를 디에고가 알게 된 것이 이혼의 직접적인 원인이 되었다고 한다. 프리다가 이 멋쟁이 헝가리인을 사랑했다는 사실이 그의 유별난 질투심을 불러일으켰으리라는 것이다. 그러나 그것이 진실이든 아니든, 중요한 것은 디에고가 그녀와 헤어지기를 강력하게 원하고 있었다는 점이었다.

그는 더 이상 프리다로 인한 중압감에 시달리고 싶지 않았다. 그는 그녀의 질투, 그녀의 고통, 그리고 예전에는 그를 감동시키던 상처받은 아이 같은 나약함에서 벗어나고 싶었다. 그는 자기에게 찬사를 보내고 기꺼이 모델이 되어 주는 여자들과의 자유롭고 떠들썩한 생활을 원했고, 더 이상 결혼 생활을 유지할 마음이 없었다. 어쩌면 프리다가 전시회를 위해 뉴욕으로 떠날 때 디에고는 이미 결별을 결심하고 있었던 것인지도 모른다. 뉴욕과 파리를 거쳐 멕시코로 돌아온 프리다에게 그는 기다렸다는 듯 이혼을 요구했고, 프리다는 다시 산앙헬을 떠나 코요아칸의 파란색 담장 집으로 들어갔다.

사실 두 사람 모두 지친 상태였다. 진실을 말하자면 두 사람의 대결이야말로 인생에서 가장 중요한 현실이자 유일한 진실이었기에, 그들은 피차 힘의 한계에 도달해 있었다. 어쨌든 프리다는 그를 완전히 잃지 않을 수만 있다면 아무리 심한 일을 당해도 좋다는 생각이었으나, 디에고는 거의 강박적으로 이혼에 집착했고, 상황은 갈수록 나빠졌다.

어느 날 밤, 그는 충동적으로 프리다에게 전화를 걸어 이혼을 해 달라고 부탁했다. 그가 내세운 구실은 프리다가 가장 두려워하던 문제,

즉 그녀가 육체적인 사랑에서 즐거움을 얻기 힘든 신체 조건을 가지고 있다는 것이었다. 프리다는 그것을 소녀 시절에 당했던 끔찍한 사고 탓으로 돌렸지만, 디에고가 그 점을 거론한 것이 그녀에게 충격을 준 것만은 분명했다. 그녀는 즉각 그의 부탁을 받아들였고, 자신도 이혼을 원한다고 선언했다.

프리다는 10월 13일에 프리다는 니콜러스 머레이에게 고뇌에 찬 편지를 썼다.

내가 얼마나 괴로운지 말로 표현할 길이 없어요. 당신은 내가 얼마나 디에고를 사랑하는지 알고 있으니, 내 생명이 끝나야만 이 고통도 함께 끝나리라는 걸 이해할 수 있겠지요. 그와 전화로 언쟁을 벌인 뒤, 나를 떠나는 것이 그를 위해 훨씬 낫다는 사실을 깨닫게 되었어요. 그를 보지 못한 지 한 달이나 됐군요. 나는 이제 완전히 지쳐 버렸으며, 홀로 남겨진 느낌이에요. 이 세상 어느 누구도 나처럼 고통받은 적은 없을 것 같아요. 물론 몇 달 뒤에는 상황이 달라져 있기를 기대하고 있답니다.

프리다와 디에고는 1939년 11월 6일 합의이혼을 신청했고, 코요아칸 법정에서 이혼이 확정되었다.

이 무렵 프리다는 그녀의 가장 유명한 작품인 〈두 명의 프리다〉를 거의 끝마친 상태였다. 미국의 미술사학자 맥킨리 헬름은 당시 그녀의 모습을 스케치한 기록을 남겨 놓았다.

프리다 칼로 드 리베라와 차를 마셨다. 1939년 12월 어느 날 서류 한 묶음이 작업실로 배달되었다. 프리다와 디에고의 이혼이 확정되었음을 알리는 서류였다. 프리다는 침울한 기색이 역력했다. 그녀는 이혼을 요구한 쪽은 자기가 아니라고 말했다. 디에고가 이혼을 고집했다는 것이다. 디에고는 이혼이 둘 다에게 이로울 것이니 자기를 떠나라고 설득했다고 한다. 그렇지만 그를 떠나면 그녀가 행복해질 것이고 화가로서도 발전할 것이라는 그의 주장을 그녀는 전혀 납득할 수 없었다. 당시 그녀는 처음으로 대형 캔버스 회화 〈두 명의 프리다〉를 그리고 있었다. 전신 자화상 두 개가 그려져 있었다. 하나는 디에고가 사랑했던 프리다. 또 하나의 프리다는 디에고가 더 이상 사랑하지 않는 여자였다. 그녀의 동맥은 끊어져 있다. 모욕당한 프리다는 흐르는 피를 수술용 집게로 잠시나마 멈춰 보려 하고 있다. 이혼 서류가 도착했을 때 우리는 이 그림을 바라보고 있었다. 나는 그녀가 이 피 흐르는 집게를 방바닥에 내동댕이칠 거라고 생각했다.

이 그림에서 프리다는 자신을 두 번 그려 넣음로써 고독의 극한을 표현하고 있다. 자기 자신과 함께 있는 그녀는 혼자 있는 그녀보다 훨씬 더 외로워 보인다. 이제 그녀 곁에 있는 것은 자기 자신뿐이다.
일찍이 프리다는 디에고에게 '나의 피는 나의 심장에서 흘러나와 허공의 혈관을 가로질러 당신의 심장으로 여행하는 기적'이라고 쓴 일기를 보여 주었다. 이제 그녀는 수술용 집게로 그러한 마술적 흐름을 차단하고, 오직 자기 자신과의 고독한 동거를 시작해야 했다.

두 사람이 이혼한 뒤 산앙헬을 찾아온 기자에게 디에고는 이혼이 아무 문제없이, 아무 소란 없이 이루어졌다고 말했다. 그는 그 어느 때보다 프리다를 존경한다고 말하면서, 자신이 그녀를 떠나야 하는 이유를 설명했다.

"나의 결정이 프리다의 인생에 획기적인 발전을 가져오리라 믿는다. 그녀는 젊고 아름답다. 그녀는 가장 까다롭다는 예술계 핵심부(파리)에서도 상당한 성공을 거두었다. 그녀는 인생의 모든 가능성을 갖고 있는 반면 나는 이미 늙었고 더 이상 그녀에게 줄 것이 없다. 나는 그녀를 가장 뛰어난 현대 화가 중 하나로 꼽는다."

프리다는 코요아칸에서 같은 기자와 인터뷰했다. 그녀는 이혼의 동기가 사사롭고 개인적인 것이라 설명하기 곤란하다고 했을 뿐 거의 말이 없었다. 말을 하는 대신 그녀는 다시 머리를 잘랐다. 그리고 아름다운 테우아나 의상 대신 보기 흉한 남성복을 걸친 자신의 모습을 그렸다. 머리를 자른다는 것은 여성성의 난폭한 거부이며, 사랑할 능력을 갖고 있는 자신의 신체 일부를 절단하려는 욕구의 표현이다. 프리다는 자신의 여성적 매력을 파괴하는 것으로 자기를 버린 디에고에게 보복했으며, 그로 인해 더욱 깊은 외로움 속으로 빠져들었다. 그림 속에서,

방 안 가득 잘라 낸 머리카락이 흩어져 있는 가운데 무표정한 얼굴로 꼿꼿하게 앉아 있는 그녀의 모습은 피와 상처로 얼룩진 이미지들 못지 않게 섬뜩해 보인다. 그 섬뜩한 이미지 위에 잔인한 노랫말을 적어 그녀는 자신의 무력한 보복을 애처롭게 조롱하고 있다.

알겠니, 내가 널 사랑한 건 네 머리카락 때문이었는데,
이제 그 머리카락이 네게 없으니, 더 이상 널 사랑하지 않아.

이로써 분노와 상처받은 섹슈얼리티를 나타내는 또 하나의 잊을 수 없는 이미지가 만들어졌고, 그녀는 다시 한번 공허와 고독의 얼어붙은 세계로 침잠해 들어갔다.

"견딜 수밖에 없어요. 지금이 내 인생에서 최악이에요. 이런 일을 겪고도 살아 있다니 놀랍군요."

니콜러스 머레이에게 고백했던 것처럼, 그런 일을 겪고도 삶을 이어가야 한다는 건 끔찍한 노릇이었지만, 그녀는 살아 있었고, 계속해서 살아갈 수밖에 없었다. 이제 그림으로 생계를 유지할 수 있어야 한다는 생각에 그녀는 작업에 박차를 가했다. 그림을 팔기 위해 전에 없이 노력을 기울였고, 몇 점씩 모인 그림을 줄리앙 레비에게 보냈다. 그림으로 생계를 잇기 원하면서도 그녀는 팔릴 만한 그림을 그리는 식의

타협을 거부했다. 그녀는 여전히 그림을 자신의 개인적 절망을 표출할 기회로 삼았고, 다른 사람의 초상화를 의뢰받은 경우에조차 그것을 자신의 사생활과 밀접하게 관련된 '개인적 진술'로 만들어 버렸다. 고통과 유혈이 낭자한 그녀의 초상화들을 구입해 준 것은 주로 그녀의 친구들이었다. 생활이 궁핍해지자 그녀는 관광객에게 집을 세놓을 궁리도 해 보았지만 실행에 옮기지는 못했다.

1939년 가을에서 1940년 겨울에 걸쳐 그녀의 건강은 계속 악화되었다. 오른쪽 손가락이 세균에 감염되어 작업을 하지 못할 때가 많았고, 척추 통증은 갈수록 심해졌다. 후안 파릴 박사는 그녀가 절대 안정을 취해야 한다고 말하면서 20킬로그램짜리 추가 달린 척추 고정 장치를 처방해 주었다. 니콜러스 머레이가 이 장치에 갇힌 프리다의 사진을 찍었다. 사진 속의 그녀는 겨우 참았던 울음을 터뜨릴 듯한 얼굴이었다. 그녀는 절망감을 가누기 위해 날마다 브랜디 한 병씩을 마셨다. 〈원숭이가 있는 자화상〉, 〈가시 목걸이를 한 자화상〉 등 이 시기에 그린 그림들은 이렇듯 처절한 고통 속에서 필사적으로 성취해 낸, 그녀의 예술적 발전과 인간적 성숙의 증거들을 보여 준다.

그림 속의 그녀는 디에고와 헤어지기 전에 그렸던 자화상에서보다 한결 나이 들어 보이며, 한층 경직되고 신중한 표정을 짓고 있다. 특유의 오만한 자세와 꿰뚫는 듯한 시선으로 관중을 응시하는 그녀의 표정에는 이제 모종의 초월적 예지와 깊은 슬픔이 깃들어 있다.

그녀가 나약해지지 않으려고 노력할 때 관람자는 무심한 표정의 가면 뒤에 가득 찬 그녀의 감정과 고통을 느끼게 된다. 자기 신화화 작업을 정성 들여 수행함으로써 그녀는 슬픔에 압도되는 대신 슬픔에 대한 심리적 거리를 확보하는 데 성공했다. 경건했던 유년기의 신앙에 의존하여 자신이 (그리고 남들이) 숭배할 수 있는 성상(聖像)으로 자기를 변형시킴으로써 고통을 초월한 것이다(헤이든 헤레라, 같은 책).

디에고와 프리다는 1940년 초, 세자르 모로와 앙드레 브르통이 멕시코시티에서 주최한 초현실주의자들의 축제에서 다시 한번 자리를 같이했다. 예술계의 저명인사들이 모두 참석한 대규모 축제였다. 그러나 멕시코와 페루의 고대 원주민 문화에 의지하여 초현실주의를 되살리고자 했던 시도는 한 마당의 우스꽝스런 코미디로 끝나고, 간신히 명맥을 유지해 오던 초현실주의 운동도 이로써 종말을 고했다.

유럽은 또다시 전쟁에 휩싸였다.

디에고는 헝가리 태생의 아름다운 여류 화가 이렌느 보후스와, 뒷날 찰리 채플린의 아내가 된 미국의 유명 영화배우 폴레트 고다르 사이를 오가며 원하던 바의 낭만적 사랑을 즐기고 있었으며, 프리다는 다시 자기만의 세계로 돌아가 슬픔 속에 칩거했다.

디에고 리베라와 레온 트로츠키는 프리다가 '멕시코 전' 참가를 위해 파리에 머무르고 있을 무렵 완전히 갈라섰다. 그들이 처음 서로에게 느꼈던 열광과 감사가 사라지자 두 사람의 기질적 차이가 여지없이 드러났다. 디에고는 트로츠키의 교조적 태도에 불만을 품었고, 트로츠키 역시 디에고의 무정부주의적 태도와 예측 불허한 성격에 짜증이 났다. 프리다와 트로츠키의 로맨스를 디에고가 눈치 챘든 아니든 간에, 그 일이 그들의 관계에 모종의 영향을 끼쳤을 수도 있다. 뿐만 아니라 제2차세계대전 직전의 수많은 지식인들이 그랬던 것처럼, 당시 디에고는 트로츠키의 제4인터내셔널에 환멸을 느끼고 있었다. 트로츠키는 디에고와 결별한 뒤, 집세를 내겠다고 주장했지만 디에고는 이를 거절했다. 결국 트로츠키는 측근들과 함께 1939년 4월 코요아칸의 비에나 가로 거처를 옮겼다.

1940년 5월 24일, 트로츠키는 새로 옮겨 간 거처에서 화가 다비드 알파로 시케이로스를 포함한 일단의 스탈린주의자들로부터 무자비한 총탄 세례를 받았다. 평소 트로츠키와의 불화를 공공연히 떠벌이고 다니던 디에고는 즉각 용의 선상에 올랐다. 이 습격에서 상처 하나 입지 않고 기적적으로 살아난 트로츠키는 경찰이 디에고에게 혐의를 두고 있음을 알았지만 이를 시정하기 위해 어떤 조처도 취하지 않았다.

경찰은 즉시 산앙헬에 있는 디에고의 작업실을 포위하고 사방에 출입 금지선을 설치했다. 디에고가 포위망을 뚫고 무사히 작업실을 빠져나온 상황은 마치 첩보 영화의 한 장면처럼 흥미진진하다. 디에고의 작업실 맞은편 호텔에 묵고 있던 폴레트 고다르가 경찰이 디에고의 집에 출입 금지선을 치고 있는 광경을 목격하고 전화로 디에고에게 이 사실을 알려 주었다. 마침 작업실에 디에고와 함께 있던 이렌느 보후스는 그를 자신의 차 바닥에 숨겨 캔버스로 덮은 다음, 유유히 차를 몰고 그곳을 빠져나왔다. 디에고는 이렌느와 폴레트의 보호 아래 한동안 은신하고 있다가 고위층의 한 친구가 마련해 준 여권을 가지고 미국으로 날아갔다. 샌프란시스코에서 그는 다시 옛 친구들을 만났고, 트레저 아일랜드의 벽화 작업을 의뢰받았다.

디에고는 이 벽화를 통해 '범아메리카의 단결'이라는 주제를 표현하고자 했다. 그림 속에서 디에고와 폴레트는 손을 맞잡고 사랑과 생명의 나무를 안고 있다. 디에고의 자서전에 의하면 이것은 미국 소녀와 멕시코 남자의 우호적인 만남을 나타낸다. 그들 두 사람이 애틋한 눈빛으로 마주 보고, 그 옆의 프리다는 디에고에게 등을 돌린 채 붓과 팔레트를 들고 멍한 눈빛으로 허공을 바라보며 홀로 서 있다.

트로츠키 암살 기도와 디에고의 미국행이라는 이중 충격을 받은 즈음 프리다는 심하게 앓았다. 그런데 그로부터 채 3개월도 지나지 않은 1940년 8월 20일, 소련 비밀경찰의 밀사가 트로츠키의 집에 잠입해서 서재에 있던 그를 살해했다. 프리다는 격해진 감정으로 샌프란시스코에 있던 디에고에게 전화를 걸었다.

"트로츠키가 암살당했어요! 그가 죽은 것은 당신 때문이야. 왜 그를 데려왔어? 왜?"

멕시코시티에서 트로츠키와 가까이 지냈던 모든 사람들이 심문을 받았고, 프리다도 크리스티나와 함께 경찰에 연행되어 이틀 동안 문초를 당했다. 디에고는 옛 동지의 죽음을 오래 슬퍼하지 않았지만, 프리다가 그 일로 심문을 당했고, 병세가 악화되고 있다는 소식을 듣자 깊이 상심했다. 그는 엘로서 박사를 찾아가 조언을 구했다. 엘로서 박사는 프리다가 샌프란시스코로 오는 것이 좋겠다고 말했다. 그가 보기에 그녀는 신경쇠약이었고, 멕시코 의사들이 권하는 수술은 전혀 도움이 되지 않았다.

엘로서 박사는 프리다에게 편지를 보내 하루빨리 샌프란시스코로 와서 치료를 받으라고 설득했다. 그러는 한편, 디에고에게는 이혼이 프리다의 병을 악화시켰으며, 그녀와 다시 결혼하는 것만이 그녀의 건강을 회복시키는 길이라고 말했다. 디에고는 엘로서 박사의 말이 옳다는 것을 인정했다. 프리다와 헤어질 때 그는 자신의 결정이 두 사람 모두에게 좋은 결과를 가져올 것이라고 말했지만, 이제 그는 이혼이 두 사람 모두에게 악영향을 미친다는 것을 알고 있었다. 이혼이라는 결정적 방식으로 그녀 곁을 떠난 뒤에야 '프리다가 없다면, 그녀가 자신에게 쏟는 초인적인 사랑이 없다면 자신도 살 수 없다는 것'을 깨달았다. 그는 자신의 조수이자 화가인 에미 루 패커드에게 속마음을 털어놓았다.

"나는 프리다와 결혼할 거야. 그녀에게는 내가 정말 필요하니까."

프리다는 9월 초에 샌프란시스코로 날아갔다. 디에고와 엘로서 박사가 공항으로 마중을 나왔다. 그녀는 디에고의 아파트에서 며칠을 지낸 뒤 세인트루크 병원에 입원했다. 엘로서 박사는 멕시코 의사들의 어려운 처방 대신 안정과 금주를 지시했고, 전기요법과 칼슘요법을 권했다. 그녀는 곧 건강을 회복했다. 어쩌면 디에고가 옆에 있다는 사실이 기적을 불러왔는지도 모른다.

고통과 절망의 한가운데에서도 거부할 수 없는 매력으로 사람들을 사로잡는 마력을 가진 프리다는 이곳에서도 작은 연가(戀歌)의 주인공이 되었다. 상대는 나치 독일에서 망명해 온 스물다섯 살의 청년 하인츠 베르그루엔이었다. 뒷날 명망 높은 화상이자 수집가로 이름을 날리게 될 그는 당시 매혹적인 큰 눈에 부서질 것만 같은 시적 아름다움과 여성적이라고도 할 법한 낭만적 감수성을 지닌 젊은이였다.

베르그루엔은 골든게이트 국제전 홍보 담당으로 디에고를 만났고, 두 사람은 좋은 친구가 되었다. 어느 날 디에고는 그에게 프리다가 샌프란시스코에 와서 엘로서 박사에게 다리 치료를 받고 있다고 말했다. 베르그루엔은 당시의 일을 다음과 같이 회상했다.

"그는 나를 병원에 데려갔다. 그는 프리다의 병실에 들어가기 전에 나를 바라보며 '당신은 프리다에게 반할 거야'라고 말했다. 그때 그의 모습을 결코 잊을 수 없을 것이다. 날카로운 어조였다. 디에고는 직관력과 통찰력이 뛰어났다. 그는 무슨 일이 일어날지 알고 있었다."

베르그루엔은 병실에 들어서는 순간 귓가에서 '찰칵' 하는 소리가 들렸다고 말했다.

"그녀는 정신이 아찔할 정도로 아름다웠다. 그녀의 그림과 똑같았다. 나는 남아 있었고 디에고는 가 버렸다. 나는 그녀가 입원한 한 달 동안 날마다 그녀를 찾아갔다."

줄리앙 레비가 제안한 1940년 전시회 문제를 상의하기 위해 프리다가 뉴욕으로 갈 때 베르그루엔도 그녀와 동행했다. 그들은 바르비종 플라자 호텔에서 두 달 동안 함께 지냈다.

"우리는 너무나도 행복했다. 프리다는 나에게 엄청난 계시였다. 그녀는 나를 파티에 끌고 다녔다. 줄리앙 레비 주변에서는 항상 파티가 열렸다. 그녀는 다리가 아팠지만 아주 쉽게 돌아다닐 수 있었다."

그러나 프리다가 디에고의 두 번째 청혼을 받아들임으로써 '뉴욕 연가'는 고통스럽게 막을 내렸다. 베르그루엔은 프리다보다 앞서 샌프란시스코로 돌아갔고, 그들은 두 번 다시 만나지 않았다.

프리다가 최종적으로 결심을 하기까지의 과정은 젊은 연인이 생각한 것처럼 간단하지는 않았다. 아니타 브레너 같은 친구는 디에고의 어리석음에 대해 프리다에게 다시 한 번 간곡하게 경고했다.

"그는 기본적으로 대책 없는 사람이에요. 따스한 온기를 찾아다니면서 자기가 우주의 한가운데에 있다는 느낌을 받고 싶어 합니다. 완전히 구속되지 말고 자신의 인생을 사세요. 그런 삶이 위기 상황에서 완충제 역할을 해 줄 겁니다. '이게 나다. 나는 가치 있는 인간이다' 라고 말할 수 있는 뭔가가 내면에 자리 잡고 있을 때 위기도 그다지 힘겹지 않을 겁니다…… 궁극적으로 의지할 사람은 자기 자신밖에 없다는 거예요. 모든 것이 여기에서 출발합니다. 상황을 견디고 뭔가를 이루고 유쾌하게 모든 일을 감당하기 위해서 필요한 모든 것이 바로 이런 자세입니다."

그러나 프리다의 결정에 더욱 중요한 영향을 끼친 것은 엘로서 박사의 다음과 같은 조언이었다.

"디에고는 당신을 무척이나 사랑합니다. 당신도 그를 사랑하지요. 당신이 더 잘 알겠지만 그는 당신 이외에도 엄청나게 사랑하는 것이 두 가지 있습니다. 그림과 여자입니다. 그는 과거에도 일부일처제를 따르지 않았고 앞으로도 따르지 않을 거요. 일부일처제란 정신박약적이고 반생물학적인 제도라고 생각하고 있으니까. 이러한 기본적인 문제들을 곰곰이 생각해 보세요. 프리다, 어떻게 하는 것이 좋겠소? 당신이 이러한 사실들을 있는 그대로 받아들일 수 있다면, 이런 상황에서 그와 함께 평화롭게 살기 위해 작업에 몰두함으로써 질투심을 묻어 버릴 수 있다면, 그림을 그리고 가르치고 무슨 일이 있건 간에 밤마다 일에 지쳐 잠자리에 들 때까지 그림에 몰두할 수 있다면, 진실로 그렇다면 그와 결혼하세요."

프리다는 몇 가지 조건 아래 청혼을 수락했다. 두 사람이 더 이상 잠자리를 함께하지 않으며, 그녀가 필요로 하는 것은 모두 그녀 스스로 조달하고, 디에고는 살림 경비의 절반을 부담한다는 조건이었다. 디에고는 프리다를 되찾는 것이 너무도 행복해서 모든 것에 합의했고, 그해 12월 8일, 그의 54번 째 생일날 프리다와 다시 결혼했다.

결혼식은 짧았고, 피로연은 없었다. 흰 블라우스와 녹색의 긴 치마를 입고 갈색 숄을 두른 프리다는 여전히 아름다웠지만 몇 달 사이에 얼굴이 많이 상해 있었다. 언제나 그림을 사랑했던 디에고는 결혼식이 끝나자 트레저 아일랜드로 그림을 그리러 가 버렸다. 그곳에서 그는 자기 셔츠를 찢어 박람회의 행위 예술 부문을 보러 온 군중들에게 아내의 진홍색 립스틱 자국으로 뒤덮인 속옷을 보여 주었다.

프리다는 결혼 뒤, 캘리포니아에서 2주가량을 디에고와 함께 지내다가 크리스마스를 가족들과 함께 보내기 위해 멕시코로 돌아왔다. 1941년 2월에는 디에고가 샌프란시스코에서 의뢰 받았던 모든 작품이 마무리되었고, 트로츠키 암살 혐의도 풀렸기 때문에 그 역시 짐을 꾸려 프리다가 기다리는 집으로 돌아왔다.

이렇게 해서 사랑을 잃고 헤어져 지낸 오랜 시간, 그들의 마음속에 자리 잡고 그들을 파괴하던 공허함이 끝을 맺었다. 그들의 사랑은 혁명을 이루었고, 이제 그들은 두 번 다시 서로를 잃지 않을 것이었다.

9. 불멸의 사랑

1941년 4월 14일, 기예르모 칼로가 심장 발작으로 세상을 떠났다. 디에고와 프리다는 코요아칸의 파란 담장 집으로 거처를 옮기고, 산앙헬은 작업실로 사용하기로 했다. 프리다는 코요아칸 집에 정성스럽게 디에고의 침실을 마련했다. 짙은 색 침대는 그의 몸집에 맞게 널찍했고, 베개에는 꽃과 예쁜 무늬를 화사하게 수놓았다.

재결합을 위한 조건들은 그녀만의 감옥이 되었지만, 그 계약은 파멸에 저항하는 그녀의 의지를 드러내며, 그녀가 사랑에 대해 내세우는 긍지와 고집을 보여 주는 것이었다. 그것은 사랑을 끝까지 밀고 나가겠다는 그녀 특유의 결심이었다. 그 속에서 그녀는 나름대로 삶을 즐기며, 세계와 우주를 껴안으려 했다.

"우리는 모두 죽음의 문턱에서 살고 있고, 삶을 즐겨 보지도 못하고 세상을 뜨는 것은 너무하잖아요."

에미 루 패커드는 디에고와 함께 멕시코로 와서 계속 그의 조수로 일하고 있었다. 아침을 먹으며 프리다와 에미 루는 디에고에게 조간신문을 읽어 주었다. 디에고는 눈병이 있었기 때문에 눈이 피로해지지 않도록 조심해야 했다. 식사가 끝나면 디에고와 에미 루는 산앙헬의 작업실에 갔다가 오후 1시나 2시쯤에 점심을 먹으러 코요아칸으로 돌아왔다. 디에고가 아침에 동네 시장에서 데생을 한 날은 인디언 음식을 가져와 요리를 하게 하기도 했다.

프리다는 식사 뒤에 안뜰에서 햇살을 받으며 따뜻한 토기 타일 위에 테우아나 치마를 펼치고 누워 새들의 노래를 들었다. 아침에 그림을 그린 날이면 그녀는 점심 전에 디에고와 에미 루를 작업실로 불러 작업한 그림을 보여 주었다. 디에고는 그녀의 작품에 경외심을 가지고 있었으며, 에미 루에게 자주 "그녀는 나보다 훌륭한 화가"라고 말하곤 했다. 그림을 그리지 않는 날은 친구나 자매들과 시장에 나가 꽃이나 집 안에 필요한 물건들, 그 밖에 마음에 드는 물건들을 둘러보았다. 그녀는 직공이나 가게 주인들과 친했는데, 시장에서 공예품을 만들어 파는 카르멘 카바예로 세비야가 어떤 남자한테 맞아 이가 부러졌을 때는 황금 틀니를 선물하기도 했다. 길을 가다 누군가 적선을 청하면 그녀는 모여든 사람이 여섯이든 일곱이든 그들 모두에게 무언가를 주었다.

저녁 늦게 집으로 돌아온 디에고는 따끈한 초콜릿 판둘세(대형 접시에 가지각색 모양의 달콤한 롤빵과 구운 과자를 담은 것)를 먹으며 프리다와 '멋진 시체' 놀이를 하거나 혁명 가요를 불렀다. 에미 루는 두 사람이 본질적으로 어울리는 한 쌍이라는 사실을 보여 주는 흥미로운 삽화 하나를 목격한 적이 있었다.

언젠가 셋이서 영화를 보기로 약속했는데, 디에고와 에미 루는 영화관 앞의 인파에 밀려 프리다를 찾을 수가 없었다.

"디에고는 휘파람으로 〈인터내셔널〉 첫 소절을 불렀다. 군중 속 어딘가에서 다음 소절이 이어졌다. 분명 프리다였다. 휘파람은 부부가 서로를 찾을 때까지 계속되었다. 셋은 들어가서 자리를 잡았다."

물론 디에고는 특유의 부드러운 잔인함으로 여전히 그녀에게 너무 고통스러워서 견딜 수 없을 정도의 고독한 현실을 안겨 주곤 했다. 그는 너무 멀리 있었고, 그녀는 거듭된 수술과 재발을 겪으며 거실 겸 작업실에 틀어박혀 지내야 했다. 그러나 바로 그곳에서 그녀는 마치 하룻밤에 다 꿀 수 없는 긴 꿈처럼 그녀를 삼켜 버리는 절대적인 사랑을 키웠다. 그렇게 그녀는 삶을 끌어안고 가고자 했다.

엘로서 박사에게 근황을 알리는 편지에 그녀는 이렇게 적었다.

'그래서 마침내 나는 인생이란 이런 것이고 나머지는 그림의 떡임을 깨달았어요.'

프리다는 불행이 닥쳐올 때마다 삶을 붙잡는 방법들을 찾아내곤 했다. 이러한 방법 중에서 세월이 가고 생활 반경이 줄어듦에 따라 점점 더 중요해진 것이 자신과 자연의 관계를 습관의 문제가 아니라 믿음의 문제로 만드는 것이었다. 이러한 믿음을 재확인하고, 죽음과 파괴가 지배하는 세상에 영원한 뭔가를 세우기 위해 부부는 1942년에 아나우아카이(Anahuacalli, 신전 박물관)를 건축하기 시작했다. 1964년부터 일반에 공개되기 시작한 이 거대한 인류학 박물관은 토착 문화에 대한 그들 부부의 열정을 상징하는 기념비였다. 코요아칸 근처 페드레갈(돌이 많은 땅)의 광활한 대지 위에 회색 화산암으로 지어진 야만적이면서도 고상한 건물은 디에고의 '피라미드' 혹은 '능'이라고 불렸으며, 그는 여기에 전 재산을 쏟아 부었다.

전쟁과 여타 상황들로 경제 사정이 좋지 않던 때였다. 혁명과 함께 태동했던 벽화 운동도 쇠퇴기에 접어들어 디에고는 정부로부터 더 이상 벽화 주문을 받을 수 없었다. 프리다는 인수르헨테스 아파트를 팔고, 갖고 있던 땅문서를 남편에게 내주었으며, 친구들에게 도움을 부탁하는 편지를 쓰는 등 그를 돕기 위해 최선을 다했다. 그녀는 또 정부 기관에 편지를 보내 재정 지원을 요청하면서, 디에고가 죽는 날까지 피라미드 맨 위층에서 자신의 신상(神像)들과 함께 일할 수 있게 해 준다는 조건으로 박물관을 국가에 헌납하겠다고 제안했다.

"이것은 분명 현대 문명의 자랑거리가 될 것입니다. 내가 얼마나 그를 사랑하는지 아실 테니, 그가 자격이 있는데도 자신의 박물관을 갖지 못해 힘들어 하는 것을 보는 내 가슴이 얼마나 아픈지도 짐작하시겠지요. 그가 해 준 것에 비하면 그의 요구는 아무 것도 아닙니다."

한편, 1940년대에 접어들면서 프리다의 명성은 높아만 갔다. 그와 더불어 후원, 의뢰, 교수직, 상금, 보조금, 각종 문화단체의 회의나 행사 초빙, 원고 청탁 등이 이어졌고, 이를 통해 그녀는 보다 진지하게 예술가로서의 자신을 되돌아보게 되었다.

특이한 작업 습관과 육체적 제약 때문에 작업 속도가 느려 상업 화랑에서 개인전을 열 정도의 작품을 축적하지는 못했지만, 그녀는 주요 단체전 여러 곳에 그림을 출품했다.

1940년에는 멕시코시티에서 열린 '초현실주의전'과 샌프란시스코에서 개최된 '골든게이트 국제전'에 참가했고, 현대 미술관의 '20세기 멕시코 미술전'에도 〈두 명의 프리다〉를 출품했다. 1941년에는 보스턴 현대 미술학교에서 열린 '현대 멕시코 화가전'에 〈프리다와 디에고 리베라〉를 출품했는데, 이 전시회는 이후 미국의 미술관 다섯 곳을 순회했다. 1942년에는 먼로 휠러가 현대 미술관에서 기획한 '20세기 초상화전'에 〈땋은 머리의 자화상〉을 출품했고, 1943년에는 〈두 명의 프리다〉와 〈물이 준 것〉, 〈자화상〉(1941)이 필라델피아 미술관의 '오늘의 멕시코 미술전'에 전시되었다. 같은 해에 또 다른 〈자화상〉(1940)이 페기 구겐하임의 금세기 미술관에서 열린 '여성 화가전'에 출품되었으며, 1943년 1월과 2월에는 라레포르마 거리에 위치한 벤저민 프랭클린 도서관에서 열린 '멕시코 초상화 100년전'에 참가했다.

그녀는 또 매년 멕시코시티에서 개최되는 꽃 전시회의 일환인 '꽃 회화전'의 초대 작가였고, 1946년부터는 정부 보조금을 받는 여섯 명의 화가 중 하나였다. 1942년에 그녀가 '멕시코 문화협회' 창립 회원으로 선출되었다는 사실은 해외에서뿐만이 아니라 멕시코 국내에서도 프리다의 명성이 높아졌다는 또 다른 증거였다. 이 협회는 스물다섯 명의 예술가와 지식인으로 구성되었으며 강연, 전시, 출판을 통한 멕시코 문화 보급을 목적으로 하고 있었다.

1946년 10월에는 최고의 영예가 그녀를 기다리고 있었다. '생식과 생명 순환'이라는 주제를 표현한 그녀의 작품 〈모세〉가 매년 미술의 전당에서 개최되는 국전에 입상한 것이다. 그녀는 척추 수술을 받은 후라 석고 깁스를 하고 있었지만 공주처럼 차려입고 개막식장에 나타났다.

1943년에 프리다는 디에고와 함께 교육부 부설 회화 및 조각 학교인 '라에스메랄다'의 교사로 취임했다. 라에스메랄다의 학생으로 프리다의 충실한 사도가 된 기예르모 몬로이는 그녀의 첫 수업을 다음과 같이 기억한다.

그녀는 갑자기 꽃이 피어난 경이로운 나무처럼 우리 앞에 나타났다. 그녀는 유쾌하고 친절하고 매력적이었다. 그녀가 입고 있던 테우아나 의상 때문에 더욱 그런 인상을 받았을 것이다. 그녀는 우리와 아주 다정하게 인사를 나누고는 짧은 대화를 가졌다. 그리고는 아주 활달하게 말했다.

"자, 여러분, 공부하러 가자. 나는 소위 여러분의 선생이 되겠지만 선생이 아닌 여러분의 친구가 되고 싶어요. 나는 미술 선생을 해 본 적도 없고, 미술 선생이 되고 싶다는 생각도 없어요. 나는 언제나 배우는 사람이었어요. 그림을 그린다는 것이 세상에서 가장 멋진 일이라는 것은 분명하지만, 제대로 그리기란 아주 어려운 일이에요. 기법을 제대로 익혀야 하고, 아주 엄격한 자기 수양을 해야 하고, 무엇보다 사랑이 필요해요. 그림에 대한 무한한 애정도 느껴야 하고 말예요. 내가 화가로서 경험했던 소소한 일들이 여러분에게 어떤 식으로든 도움이 된다면, 그렇다고 말해 줘요. 여러분은 나와 함께 여러분이 원하고 느끼는 것들을 그리게 될 겁니다. 나는 여러분을 이해하기 위해서 최선을 다할 거예요. 내가 지겹다고 생각되면 제발 가만 있지 말고 지겹다고 말해 줘요."

그녀는 단순하고 순수한 말을 가식 없이 이야기했다.

짧은 침묵이 흐른 후, 거장 프리다는 우리들에게 무엇을 그리고 싶냐고 물었다. 질문을 받은 우리는 잠시 우물쭈물했다. 서로의 얼굴을 쳐다보며 당장 뭐라고 해야 할지 몰랐다. 그러나 나는 그녀가 매우 아름답다는 것을 깨닫고는 솔직한 태도로 우리를 위해서 모델이 되어 달라고 부탁했다. 그녀는 감동받은 얼굴로 의자를 달라고 했다. 부탁에 응하는 가벼운 미소가 입술에 번졌다. 그녀는 자리에 앉자마자 이젤과 학생에 둘러싸였다.

프리다 칼로가 그렇게 우리 앞에 있었다. 놀랄 만큼 엄숙하고 고요했다. 그녀의 침묵은 너무나 심오하고 감동적이었기 때문에 우리는 감히 그것을 깨뜨릴 수 없었다.

그녀의 또 다른 제자인 파니 라벨의 진술은 다음과 같다.

프리다의 가르침은 위대했다. 그녀는 화가의 눈을 뛰어넘어 자신의 눈으로 세상을, 멕시코를 바라보라고 했다. 그녀는 그림 그리는 방법이 아니라 살아가는 방법을 통해서 우리에게 영향을 끼쳤다. 그녀는 우리로 하여금 멕시코의 아름다움을, 그녀가 없었다면 느끼지 못했을 것들을 느끼고 이해하게 해 주었다. 그녀는 이러한 감수성을 언어로 표현하지 않았다. 우리는 어렸고, 단순했고, 영향받기 쉬웠다. 우리 중에는 열네 살짜리도 있었고, 농부도 있었다. 우리는 지성인이 아니었다. 그녀는 아무 것도 강요하지 않았다. 프리다는 "여러분이 보는 것, 그리고 싶은 것을 그리세요"라고 말했다. 우리는 모두 다르게 그렸고, 나름대로 자기 길을 개척했다.

프리다는 학생들에게 말하곤 했다.
"여러분, 여기 학교에 갇혀서는 아무 것도 할 수 없어요. 거리로 나가요. 나가서 거리의 삶을 그려요."

그들은 시장통, 빈민가, 수도원, 교회, 이웃 마을들과 테오티우아칸의 피라미드를 찾아다녔다. 야외 수업을 오가는 길에 프리다는 학생들에게 민중가요와 멕시코 혁명가를 가르쳐 주었고, 때로는 그들을 데리고 풀케리아(발효시킨 용설란 주스를 파는 술집)에 들르기도 했다.

코요아칸에서 라에스메랄다까지 통근하는 것이 무리였기 때문에 몇 달 뒤부터 프리다는 학생들을 자기 집으로 초대했다. 처음에는 많은 학생들이 코요아칸으로 통학을 했다. 그러나 통학에 걸리는 시간이 너무 길어 인원이 줄어들기 시작했고, 나중에는 '프리다 사단'으로 불리게 될 네 사람(기예르모 몬로이, 파니 라벨, 가르시아 부스토스, 아르투로 에스트라다)만이 남게 되었다.

학생들이 오면 프리다는 말했다.

"정원 전체가 우리 것이에요. 자, 그림을 그립시다. 이곳은 여러분의 미술 재료를 보관하는 방이지요. 나는 나의 작업실에서 그림을 그릴 테니 날마다 여러분의 작업을 보러 오지는 않을 겁니다."

실제로 그녀는 두 주에 한 번씩 논평을 해 줄 때도 있었고, 한 주에 세 번씩 논평을 해 줄 때도 있었다. 때로는 디에고가 논평을 해 주기도 했다. 논평 시간은 축제였다. 프리다는 음식과 음료를 준비했고, 그 시간이 끝나면 학생들을 극장으로 데리고 가기도 했다.

프리다는 일상생활에 심미적으로 접근하는 방식을 가르쳐 주기 위해 식탁에 과일, 꽃, 접시 등을 배열할 때 누가 가장 멋진 구도를 잡는가 등의 놀이를 했다. 파니 라벨의 기억에 따르면 그녀는 끊임없이 주변의 사물을 가지고 화폭처럼 구도를 잡았다. 어느 날은 반지 스무 개를 끼고 왔고, 다음날은 다른 반지 스무 개를 끼고 왔다. 그녀의 주변에는 없는 것이 없었고, 언제나 모든 것이 정리되어 있었다.

1944년 6월의 어느 날, 기예르모 몬로이는 아침 일찍 도착해서 엷은 안개에 에워싸인 작은 연못 옆에 핀 용설란을 그리느라 바쁘게 붓을 놀리고 있었다. 그는 자기가 본 것을 화폭에 옮기면서 흥에 겨운 나머지 노래를 부르기 시작했다.

나는 어깨 위로 낯설고 설레는 감촉을 느꼈다. 가벼운 한기가 열기로, 다시 감전되는 느낌으로 바뀌었다. 푸른색 빛살들로 어깨가 쪼개지는 느낌이었다. 뒤를 돌아보니 바로 프리다 칼로가 있었다. 그녀는 미소가 가득한 얼굴로 나의 눈을 그윽하게 바라보며 말했다.

"노래를 계속해, 몬로이. 나도 노래하는 것을 좋아하잖아. 그림을 아주 잘 그리고 있구나. 저 작은 용설란에서 이렇게 많은 기쁨과 전율을 찾아내다니. 그림을 그린다는 것은 정말 감동적이지 않아? 정말 아름다운 식물이야." 그리고 나서 프리다는 온화한 미소를 지으며 나의 왼쪽 뺨에 입을 맞추고는 "그림도 노래도 계속해"라는 충고를 남기고 자리를 떠났다.

가르시아 부스토스는 프리다와의 모든 시간들을 다음과 같이 정리한다.

우리는 모두 프리다를 사랑했다. 그녀는 특별한 우아함과 매력을 가지고 있었다. 그녀는 환희 그 자체였기 때문에 그녀 주변은 항상 시(詩)로 가득 차곤 했다.

프리다는 자신의 학생들을 위해 멋진 이벤트를 기획했다.

그녀의 집 근처 론드레스 가 모퉁이에 '라로시타'라는 술집이 있었다. 건강한 몸과 건전한 정신을 위한다는 명목으로 정부는 대부분의 풀케리아 벽화를 지워 버린 상태였고, 라로시타도 예외가 아니었다. 프리다는 그곳의 벽면 두 개에 새 벽화를 그릴 수 있도록 허가를 받았다. 세명의 프리다 사단과 학생 화가 여러 명이 작업에 참가했고, 붓과 물감은 프리다와 디에고가 제공했다. 부부는 작업 상황을 점검하고 조언을 하기도 했지만 실제 작업에는 참여하지 않았다. 벽화가 완성되자 제막식을 알리는 인쇄물이 코요아칸 광장과 시장과 거리에 뿌려졌다.

오늘의 뉴스! 1943년 6월 19일 토요일 오전 11시에 코요아칸 연방 구역 내 아가요와 론드레스 거리 교차로에 위치한 위대한 풀케리아 라로시타에서 장식 벽화 개막식이 있습니다. 화가는 파니 라비노비치, 니다아 우에르타 등이며, 프리다 칼로의 지도를 받았습니다. 후원자이자 초대 손님 돈 안토니오 루이스와 도냐 콘차 미첼이 고객 모두에게 맛있는 오찬을 제공합니다. 텍스코코에서 직송된 최고의 바비큐에 국내 최고의 탄산수를 생산하는 농장에서 만든 특등 풀케를 뿌렸습니다. 축제의 매력을 더하기 위해 최고의 가수와 연주자들로 구성된 마리아치 밴드를 초청했고, 로켓과 폭죽과 시끌벅적한 불꽃놀이와 투명 풍선과 용설란으로 제작한 낙하산이 있습니다. 투우사가 되고 싶은 사람은 토요일 오후 누구나 링에 올라갈 수 있도록 팬들을 위해 작은 소 한 마리를 준비했습니다.

제막식에는 문학계, 영화계, 음악계 인사들과 라에스메랄다 학생들, 코요아칸 주민들이 몰려들었다.

"개막식은 장관이었다. 불꽃놀이, 풍선, 명사들의 행진이 있었다. 민중 가수 콘차 미첼과 프리다, 미술학교 여학생들은 모두 테우아나 의상을 입었다. 풀케리아와 거리는 밝은 색 박엽지로 장식되었고, 색종이가 비처럼 쏟아졌다. 영화감독들이 바쁘게 움직였다. 개막식을 찍은 영화는 후에 '시네멕시코' 배급사에 소속된 모든 극장에서 상영되었다."

기자들이 넘쳐났고, 마리아치의 요란한 반주에 맞추어 프리다와 콘차 미첼은 민중가요를 열창했다. 디에고는 라에스메랄다의 프랑스어 선생에게 민속춤을 가르쳐 주겠다며, 억지로 춤을 추게 했다. 축제 분위기가 무르익자 기예르모 몬로이가 자신이 만든 민중가요를 불렀다.

코요아칸의 에스파냐 촌
이제까지 너무 슬펐다네!
기쁜 일이
없었기 때문이라네.

라로시타 벽화는
너무 힘이 들었다네!
사람들은 풀케리아 미술을
잊어버린 후였다네.

도냐 프리다 드 리베라
우리 사랑하는 선생님 말씀이
소년들아, 이리 와라!
인생을 보여 주마!

우리는 풀케리아를 그릴 거라네.
학교 정문도 그릴 거라네.
예술이 학문에 그친다면
예술은 죽는다네.

1940년대 전반에 걸쳐, 프리다와 디에고는 공적이거나 사적인 삶의 여러 부분을 공유하면서 독립적이고도 긴밀한 두 사람만의 신화를 만들어 나갔다. 가까운 친구들에게 '신성한 괴물들'로 기억될 이 희귀한 두 존재의 결합은 불가사의한 모순으로 가득했다. 〈디에고의 초상〉에서 프리다는 토로했다.

나는 강둑이 흐르는 강물 때문에 고통스러워한다거나 대지가 내리는 비 때문에 괴로워한다거나 원자가 에너지를 방출하는 것을 힘들어 한다고 생각지 않는다. 나는 모든 것에 당연한 보상이 있다고 생각한다. 걸출한 인물의 동반자라는 어렵고 미천한 역할을 하면서 내가 받은 보상은 미만(彌滿)한 붉은색 사이의 초록색 점과 같다. 그것은 '균형 감각'이라는 이름의 보상이다.

재결합은 프리다가 그와 같은 균형 감각에 도달하기 위하여 질병과 고독이라는 감옥 안에서 치른 처절한 투쟁이었다.

1944년경부터 거의 별거 상태에 가까운 독립적인 생활 속에서 프리다는 점점 더 의식을 집전하는 여사제처럼 되어 갔다. 코요아칸의 푸른 집은 폐쇄된 우주였고, 더 이상 여행을 다니지 않게 된 프리다는 그곳에서 새들과 원숭이들, 소치밀코 시장에서 사 온 털 없는 개들과 원주민 아이들에게 둘러싸여 일기를 쓰거나, 그림을 그리거나, 정원을 거닐었다. 예술은 프리다에게 다른 종류의 동물성이었고, 자연적이며 즉흥적인 충동이었다. 사랑의 한계와 영원함에 대한 신념을 표현하는 그녀의 자화상들은 삶이 그녀에게 부과한 저주와 모순으로부터 객관성을 확보하며 분열을 달래 주었다. 프리다는 상처 입은 자신의 모습을 캔버스를 통해 바라봄으로써, 강인하고 객관적인 방관자로서 자신의 불행을 지켜볼 수 있다는 환상을 유지해 나갔다.

이제 그녀의 그림에선 피투성이의 음산한 장면들이 사라지고 대신 미술사에서 유례를 찾아볼 수 없는 절망적 평온함이 화면 전체에 감돌았다. 표정을 알 수 없는 가면 뒤엔 현기증을 일으킬 정도의 고뇌와 우수가 가득하고, 무언가 묻는 듯한 시선은, 별들이 사라진 후에도 오랫동안 우주를 떠다니는 빛처럼 공허하면서도 집요하다.

그녀에게도 연인이 있었지만, 디에고는 끊임없이 그녀의 생각 속으로 침입해 들어왔다. 그녀가 선택한 사람, 단순한 욕망이나 존경의 차원을 넘어 자신의 인생 전부를 걸었던 사람에게서 그녀가 한시도 시선을 돌릴 수 없었던 건 당연한 일이었다. 남편에 대한 그녀의 고독한 열정은 자기 보호를 위해 차츰 모성의 빛깔을 띠어갔다. 프리다는 디에고가 "자기 의지와 욕망의 중심으로 직진하는 벡터 라인을 품고 있다"고 말했다. 프리다는 말로만이 아니라 온몸으로 그를 보호했고, 어머니가 자식에게 하듯 자신의 모든 것을 그에게 내주었다.

내가 디에고를 얼마나 사랑하는지 아무도 모르리라. 그가 어떤 이유로도 다치지 않기를 바란다. 아무 것도 그를 괴롭혀서는 안 된다. 그가 살기 위해(그의 원대로 살기 위해, 그림을 그리고 보고 사랑하고 먹고 자고 외로움을 느끼고 편안함을 느끼기 위해)서는 어떤 것도 그의 에너지를 빼앗아서는 안 된다. 그에게 전부를 주고 싶다. 내가 건강했다면 건강도 전부 주었을 것이다. 내가 젊었다면 젊음도 모두 그의 차지였을 것이다.

일기에 적은 것처럼 그녀가 자신의 전 존재로서 디에고에게 헌신한 이유는 그의 괴팍한 유치함 속에서도 탁월함의 증거를 보았기 때문이었다. 프리다는 그의 터무니없는 허풍과 거짓말이 그가 지닌 상상력의 소산이라는 것을 꿰뚫어 볼 줄 아는 통찰력을 가지고 있었다.

그녀는 혼신의 힘을 다해 이 덩치 큰 아이를 끌어안고자 했다. 예비학교 시절 친구들에게 말했던 것처럼, 디에고가 푸른 집으로 돌아오면 프리다는 그가 좋아하는 장난감들을 욕조에 띄워 놓고 아기처럼 그를 씻겨 주고 닦아 주었다. 디에고를 욕조로 끌어들이기 위해서는 장난감 따위의 유치한 미끼가 필요했지만, 그것은 디에고의 삶에서 가장 행복한 시간이었고, 그들 두 사람만의 신성한 의식과도 같은 시간이었다.

1949년에 그린 〈사랑의 포옹〉에서 프리다는 그를 자신의 무릎 위에 누운 아기로 표현했다.

디에고, 탄생

디에고, 건설가

디에고, 나의 아이

디에고, 나의 약혼자

디에고, 화가

디에고, 나의 연인

디에고, 나의 남편

디에고, 나의 친구

디에고, 나의 어머니

디에고, 나의 아버지

디에고, 나의 아들

디에고, 나

디에고, 우주

통일 속의 다양성

그런데 왜 나는 그를 '나의 디에고'라고 말하는가?

그는 결코 내 것이 아닌데.

그는 오직 그 자신의 것일 뿐인데.

같은 해에 디에고의 창작 생활 50주년을 기념하여 국립 미술학교에서 개최된 전시회에서 프리다는 위의 일기에 적은 자신의 생각을 대중

앞에 솔직하게 털어놓았다.

"나는 내 남편 디에고에 대해서는 말하지 않겠습니다. 그것은 우스운 일이 되겠지요. 디에고가 한 여자의 남편이었던 적은 한 번도 없으며 앞으로도 그럴 것입니다. 애인으로서의 그에 대해서도 말하지 않겠습니다. 그는 성의 한계를 훨씬 넘어서는 존재이기 때문입니다. 만일 내가 그를 아들처럼 다루며 이야기한다면 그건 디에고에 대해 묘사한다기보다 나 자신의 감정을 묘사하거나 그리는 일이 될 것입니다. 결국 그것은 나 자신에 대해 묘사하는 일일 뿐입니다."

〈사랑의 포옹〉은 마침내 그녀의 사랑이 전 우주적 차원으로 확장되고 승화된 경지를 보여 준다. 그림 속에서 프리다는 디에고를 안은 채, 대지의 여신에게 안겨 있다. 원뿔형의 산 모양에 콜럼버스 이전 시대 신상의 얼굴을 한 대지의 여신은 멕시코를 상징하며, 이 여신은 다시 해와 달로 나뉘어진 거대한 우주의 품에 안겨 있다. 현실적인 차원만이 아닌 천상의 차원, 시간과 역사의 유구한 흐름과, 대지와 우주의 광활한 사랑 속에서 프리다와 디에고는 마침내 완전한 합일을 이루어낸 것이다.

프리다와 디에고가 연출했던 사랑과 증오의 유희는 이제 끝없는 생명의 유희가 되었다(르 클레지오, 〈프리다 칼로 & 디에고 리베라〉).

고통은 영원했지만, 사랑도 영원했다.
생의 모든 우여곡절과 환멸과 비루함을 뛰어넘어 자신들의 이야기를 신화로 바꾼 것은 프리다의 사랑의 힘이었다.

푸른 집과 견고한 코르셋의 이중 감옥에 갇힌 채 프리다가 디에고에게 바친 사랑은 실로 초인적이어서, 오직 그녀만이 그 사랑을 이해할 수 있었다. 거인, 식인귀, 폭군, 신비적인 숭배 의식의 사제, 현대를 떠도는 신화의 창조자이자 피창조자, 이 모든 것인 디에고는 그 이유도 모르는 채, 자신에게 스며들어 빛이 되어 주는 한없는 사랑에 감동했고 현기증을 느끼며 비틀거렸다(르 클레지오, 같은 책).

언젠가 프리다가 디에고에게 '나는 왜 살지? 무엇을 위해서?' 라고 물었을 때 그는 대답했다. '그래야 내가 살 수 있으니까!'

그녀의 사랑으로부터 그는 무수히 탈출을 시도했다. 그리고 매번 돌아왔다. 결코 나뉘어질 수 없었던 두 사람은 결국 불멸의 '하나' 가 되었고, 인간의 한계와 생의 지리멸렬함을 뛰어넘는, 불멸의 신화가 되었다.

10. 이 외출이 행복하기를

프리다의 삶은 눈부신 단순함 그 자체였다.

그녀는 디에고를 사랑했고, 사랑에 지치면 그림을 그렸다. 정치와 혁명, 명예와 욕망, 예술과 여자들 사이를 디에고가 허기진 무법자처럼 방황하고 방랑한 수십 년 동안, 볼리바르 대강당의 소녀는 바로 그날의 흔들림 없고 주저 없는 시선으로 한결같이 그를 응시하고, 갈망하고, 신격화(神格化)했다.

사랑은 허무와 죽음으로부터 그녀를 지상에 붙잡아 두는 광기 그 자체였다. 그녀는 디에고를 '나의 절대적인 기적' 이라 부르곤 했다.

그림은 그 사랑이 안겨 주는 상처로 인한 영혼의 파멸을 딛고 일어나 그녀가 그녀 자신으로 살아남기 위한 유일한 수단이었다. 그녀에게 그림은 혁명이나 다른 무엇을 위한 도구가 아니었다. 그녀의 혁명은 다른 곳, 그녀의 내면에서 일어났다.

그것은 일상과 고독한 삶에 대해, 고통의 감옥에 대해, 그녀의 자존심이 입은 상처들에 대해, 그리고 남성이 지배하는 멕시코 사회에서 여성으로 살아가는 일의 어려움에 대해 말하고 있었다. 그녀의 혁명, 그것은 저항이었고, 그녀를 둘러싸고 있는 것들을 향한 사랑과 공포의 눈길이었으며, 죽음에 대한 강박관념이자, 착하고 힘없는 자들에 대한 연민이었다. 또한 푸른 집과 그 정원, 그녀와 함께 살아가는 동물들을 둘러싸고 있는 미묘하고 고뇌에 찬 우주를 두루 껴안고자 하는 꿈이었다. 그녀의 혁명은 육체적 고통의 폭발이었고, 고통을 견디기 위해 점점 더 많이 복용해야 했던 진통제였으며, 잠시나마 고통에서 벗어나 망각과 비현실 속에 머물기 위해 이따금 피우던 마리화나였다(르 클레지오, 같은 책).

그녀는 결코 변하지 않았고, 돈의 힘과 타협하지도 않았다. 프리다는 멕시코 혁명기의 여인들 중 가장 강인한 여성이었고, 바로 그녀 덕분에 디에고는 당시의 수많은 혁명적 인사들이 그랬던 것처럼 권력의 유혹에 굴복하거나, 위험에 겁먹지 않고 혁명을 끝까지 밀고 나갈 수 있었다. 디에고의 혁명의 중심에는 프리다가 있었다. 그는 그녀를 '나의 눈동자'라고 불렀다. 르 클레지오의 시적인 문장들이 아름답게 묘사하고 있는 바에 따르면 그녀는 또한 아메리카 원주민의 창조적 영혼 그 자체였고, 디에고에게 마를 줄 모르는 창조적 에너지를 제공한 영감의 원천이었다.

(그녀는) 조상들의 가면을 쓰고 느릿하고 종교적인 춤의 리듬 속에서 지상으로 내려온 대지의 여신, 산악과 같은 강인한 두 팔로 아기를 꼭 끌어안고 천상의 수액 같은 젖을 먹이는 거대한 인디언 여인이었다. 그녀는 시장에서 돌절구 위로 몸을 굽히고 있는 여인들의 침묵하는 목소리이며, 부유촌 거리를 서성이다 개들이 짖어 대게 만드는 여자 행상들의 침묵하는 목소리였다. 그녀는 겁에 질린 외로운 어린아이의 눈길이고, 피투성이가 된 임산부의 몸뚱어리, 영원한 고독에 지친 나머지 저주의 주문을 읊조리며 마당에 쭈그리고 앉은 백발 무당의 그림자였다. 신화의 피를 뒤집어쓰고 지칠 줄 모르는 기억의 파도에 흔들리는 그녀의 영혼은 서구 세계에서 무언가를 배워 오는 것이 아니라, 마치 자기 살 속에서 뽑아내기라도 하듯, 스스로의 내부에서 아주 옛날부터 존재해 온 정신의 편린을 길어 올렸다.

디에고 자신은 미처 의식하지 못했지만 전후의 멕시코를 재발견하고 새로운 삶을 시작할 무렵, 그가 추구하던 모든 것들이 프리다 속에 들어 있었다. 그녀의 시선은 그를 인간 영혼 깊숙한 곳에 숨겨진 신비의 세계로 인도했다. 그는 그녀와, 그녀가 보여 주는 이해할 수 없는 세계의 신비로움에 사로잡혔고, 그것들과 떨어지면 알 수 없는 공허감과 결핍감, 불균형을 느꼈다. 그녀는 그가 사랑했던 유일한 여인이었다. 프리다 없이는 디에고도 존재할 수 없었다. 프리다의 병세가 돌이킬 수 없이 악화되던 마지막 나날 동안, 그는 병실 옆에 방을 얻어 그녀를 간호하며, 수술비와 치료비를 마련하기 위해 쉴 새 없이 유화와 수채화를 그렸다.

1950년에서 51년 사이에 프리다의 상태는 극도로 나빠졌다. 오른발에 괴저(혈액 공급이 되지 않거나 세균 때문에 조직이 죽는 현상)가 생겨 발가락 절단 수술을 받아야 했으며, 후안 파릴 박사의 집도로 척추 이식 수술을 받다가 세균에 감염되는 바람에 50년 3월부터 11월 사이에 무려 여섯 차례나 수술을 받아야 했다.

그녀는 내장 마비와 고열, 끊임없는 구토에 시달렸고, 끔찍한 척추 통증으로 괴로워했다. 디에고는 그녀의 침대 머리맡에 앉아 시를 읽어 주거나, 어린 소녀처럼 그녀를 품에 안아 재워 주었다. 언젠가 그녀의 병실을 찾아갔던 한 친구는 디에고가 그녀를 즐겁게 해 주기 위해 춤을 추고 탬버린을 치며 곰 흉내를 내는 것을 보았다.

프리다는 타고난 활력과 유머 감각으로 병마와 싸워 이기고자 했다. 그녀는 꽃과 자신이 좋아하는 물건들로 병실을 꾸미고, 자신을 가두고 있는 끔찍한 석고 깁스에도 빨간 물감으로 공산당의 별과 낫, 망치를 예쁘게 그려 넣었다. 기분이 좋은 날이면 그녀는 오른쪽 다리를 올려주는 반원형 금속 장치를 무대 삼아 두 발로 꼭두각시 쇼를 연출하여 주위 사람들을 즐겁게 해 주었으며, 문병 왔던 사람들은 오히려 그녀로부터 위로를 받고 정신적으로 힘을 얻어서 돌아가곤 했다. 프리다는 통증이 가라앉고 의사들이 좋다고 할 때마다 그림을 그렸다.

지금부터 두 달 후에 퇴원을 하면 제일 하고 싶은 일 세 가지는 그림 그리기, 그림 그리기, 그림 그리기다.

퇴원 후, 그녀가 처음으로 완성한 작품은 〈파릴 박사를 그린 자화상〉이었다. 검은 치마와 헐렁한 흰 블라우스의 수녀처럼 차분한 복장으로 파릴 박사의 초상화를 그리고 있는 자화상은 검소함과 위엄을 강조하지만 한편으로는 외로움을 표현하고 있었다. 이 그림에서 그녀는 심장을 꺼내어 심장 모양의 팔레트에 올려놓았다. 그녀가 예술을 창조하는 물감이 바로 이것이다. 그녀는 순간순간 영혼을 좀먹는 고뇌와 고독을 이 무렵의 일기에 적어 놓았다.

통증은 없다. 피로할 뿐. 그리고 당연한 것처럼 뒤따라오는 절망감. 형언할 수 없는 절망감⋯⋯. 그럼에도 불구하고 나는 살고 싶다.

디에고는 일을 해야 했고, 자유가 필요했기 때문에, 항상 그녀 곁에 있을 수 없었다. 프리다는 이제 그를 위해 아무 것도 해 줄 수 없다는 사실에 절망했다. 그가 곁에 없을 때면 그녀는 일기장에다 디에고에 대한 그리움을 절규하듯 토해 놓았다.

하늘이 대지를 애무하듯 그의 애무를 받을 수 있다면 좋을 텐데. 그를 느낄 수 있다면 행복할 텐데. 그럴 수 있다면 나를 회색으로 채우는 우울에서 벗어날 텐데. 나에게 그토록 심오하고 그토록 결정적인 것은 달리 아무 것도 없을 것이다. 그러나 내가 얼마나 다정함을 갈구하는지 그에게 어떻게 설명해야 좋을까! 나의 외로움은 몇 년. 나의 몸은 고장이 나 조화를 잃었다. 떠나가는 것. 떠나가는 것. 도피하는 것이 낫겠다. 한순간에 모든 것을 없애자. 아멘.

병상의 우울과 강박적인 사랑의 고뇌를 떨쳐 버리기 위해 프리다는 다시 한번 즐거운 탈옥을 시도했다. 세월이 흘러 낡고 색이 바랜 라로시타 벽화를 새로 그린다는 계획이었다. 이번 작업에는 프리다 사단 두 명과 디에고의 조수 및 제자들이 참가했다.

새로운 벽화의 제막식은 디에고의 예순여섯 번째 생일인 12월 8일에 맞춰 거행되었다. 행사는 라로시타의 첫 번째 개막식보다 훨씬 음숭하고 화려했다. 프리다는 석고 깁스 때문에 축제에 참여하지 못하고 자리에 누워 있었는데, 저녁 무렵 그녀가 갑자기 소리쳤다.

"이제 그만!"

그녀는 깁스를 부수고 달려가 축제에 참가했다.

기자이면서 프리다의 친구였던 로사 카스트로는 집 밖 거리에서 자기를 부르는 그녀의 목소리를 듣고 창문으로 달려갔다.

거기에 프리다가 있었다. 머릿단이 풀려 어깨로 흘렀고, 흥분한 얼굴은 상기되어 있었다. 깁스를 빼고 걸을 때 통증을 줄이려고 약물을 복용한 탓도 있었을 것이다. 그녀는 비틀비틀 집 쪽으로 걸어왔다. 두 팔을 머리 위로 올리고 자기를 따르는 군중에 섞여서 고함을 질러 댔다. 황혼이 희미하게 깃들고, 하객들 사이로 먼지 구름이 피어올랐다. 노래하고 웃고 휘파람을 불어대는 군중들 사이로 그녀의 목소리가 들렸다. 그녀는 승리에 찬 목소리로 '이제 그만!' 이라고 외쳤다.

그러나 프리다에게 기적은 일어나지 않았다.

1953년 초, 그녀의 병세가 급격히 악화되자 디에고는 미술협회가 주관하는 그녀의 기념전을 서둘러 열어 주기로 했다. 그것이 그녀의 마지막 축제였다. 프리다의 오랜 친구인 사진작가 롤라 알바레스 브라보가 자신의 화랑을 제공했고, 여동생 크리스티나를 그린 초기의 초상화에서부터 최근작인 〈상처 입은 사슴〉, 〈디에고와 나〉, 〈사랑의 키스〉에 이르기까지 그녀의 대부분의 작품이 모두 한자리에 모였다.

화가이자 시인이며 저명한 비평가인 호세 모레노 비야를 비롯해서 수많은 평론가들과 언론들이 그녀와 그녀의 작품에 찬사를 보냈다.

"이 독창적인 인물의 삶과 작품을 분리하기란 불가능하다. 그녀의 작품은 그녀의 전기이다."

〈타임〉은 그녀의 전시회를 보도하는 기사에 '멕시코 자서전'이라는 제목을 달았다. 사람들은 개인전의 흥분과 열기로부터 그녀가 다시 한 번 활력을 얻어 삶으로 귀환할 수 있기를 기대했다.

그러나 전시회 직후 그녀는 오른발의 괴저가 도져 다시 병원에 입원 해야 했고, 벨라스코 박사와 파릴 박사는 그녀의 다리를 절단해야 한다는 결론을 내렸다. "나는 죽고 싶었다"라고 프리다는 고백했다. 그녀는 일기장에 손과 머리가 몸통에서 잘려나간 외다리 인형이 기둥에서 굴러 떨어지는 모습을 그리고, 그 위에 '나는 붕괴다'라는 섬뜩한 글귀를 적어 넣었다. 그녀는 또 오랜 친구인 안드레스 에네스트로사에게 1946년에 그린 그림의 제목이기도 했던 자신의 주제 '희망의 나무여, 우뚝 솟아라'를 '나의 삶에 밤이 깃들고'로 바꿨다고 말했다. 그러나 수술을 미루는 것이 더 큰 위험을 초래할 수도 있다는 설득에 그녀는 결국 의사들의 결정을 받아들여야 했다.

오른쪽 다리를 절단할 것이 확실하다. 자세한 사항은 잘 모르지만 의사들의 소견은 매우 중요하다. 나는 무척 걱정이 되지만 오히려 해방될 수 있을 것도 같다. 내가 걸을 수 있게 되면 내게 남은 모든 힘을 디에고에게 줄 수 있기를 바란다. 모든 것은 디에고를 위해서.

그녀는 절망하지 말자고 스스로에게 속삭였다.

내 몸 전체에 '하나' 뿐이다. 나는 '둘' 을 원한다. 둘을 갖기 위해 '하나' 를 절단해야 한다. 내가 걷기 위해 필요한 것은 나에게 없는 '하나' 다. 다른 하나는 벌써 죽었을 것이다! 하지만 내게 날아다닐 날개가 있는데 왜 다리가 필요하겠는가? 절단당하면 나는 날아갈 것이다!

파티에 가는 것처럼 우아한 테우아나 의상을 차려입고 메스 아래 누우면서 그녀는 이 아름답고 경이롭고 낙천적인 여인의 다리가 절단되리라는 생각에 눈물을 감추지 못하는 친구들을 향하여 다정하고 유쾌하게 말을 건넸다.

"도대체 왜 그래? 얼굴 좀 펴. 비극이라고 생각하는군. 그냥 다리 하나를 절단하는 것뿐이야. 그게 어때서?"

수술 후, 병상에 누워 지내는 동안 디에고를 향한 프리다의 사랑은 더욱 절절해졌다.

그 어느 때보다 더 디에고를 사랑한다. 그에게 도움이 되고 싶고, 그림도 계속해서 그리고 싶다. 디에고에게 아무 일도 일어나지 않았으면 좋겠다. 만에 하나 디에고가 죽는다면 나 역시 무슨 수를 써서라도 그 뒤를 따르리라. 우리는 함께 묻힐 것이다. 디에고가 죽은 뒤에도 내가 살아 있으리라고는 기대할 수 없다. 디에고 없이는 단 하루도 살 수 없기 때문이다.

그러나 이제 두 사람에게 남아 있는 나날은 많지 않았다.

디에고는 작업실로 서둘러 돌아가는 대신 자정까지 의자에 앉아 불침번을 서곤 했다. 거대한 몸통이 의자를 채웠고, 얼굴에는 슬픔과 피로로 주름이 패었다. 그것은 지혜와 체념이 어렸지만 패배를 모르는 황소개구리의 모습이었다.

프리다는 1954년 봄부터 다시 그림을 그리기 시작했다. 그녀는 작업실에서 휠체어에 앉은 채 허리띠로 등판을 묶은 상태로 그림을 그렸다. 고통을 참을 수 있는 한도까지 이젤 앞에 있다가 침대로 돌아가기를 반복하며 계속해서 그림을 그렸다. 이제 그림을 그리는 것은 예배였다. 그러나 사랑도 예술도 그녀를 잠식해 들어오는 병마를 멈추게할 수는 없었다. 그녀는 삶을 사랑했으나, 다리를 절단한 후로는 모든 것이 달라졌다. 다리 절단은 그녀의 영혼에 치명적인 손상을 입혔다. 고통과 절망에도 불구하고 그녀의 생명을 지탱시켜 주던 에너지가 다리를 절단한 후로는 차츰 소멸되어 갔다. 그녀는 급속하게 망가져 가고 있었다. 중국 금박과 작은 종으로 장식된 빨간 가죽 장화를 신고 다시 한번 삶을 긍정해 보려 했으나 그녀는 두 번 다시 이전의 활력과 유쾌함을 되찾지 못했다.

이제 그녀는 약물에 의존하여 겨우 겨우 지탱하는 날이 많았고, 극심한 고통으로 자살을 기도한 적도 여러 번이었다. 고통을 잊기 위해 하루에 코냑 2리터를 마셨지만, 그녀가 사용하는 약물의 종류와 양은 늘어만 갔다. 프리다가 약에 취해 위층에 누워 있던 어느 날 저녁, 거실로 내려온 디에고는 간호사가 보는 앞에서 어린아이처럼 울기 시작했다.

"그는 '나에게 용기가 있었다면 내 손으로 그녀를 죽였을 거야. 나는 그녀가 이렇게 아파하는 것을 참을 수 없어'라고 말했다. 그는 아이처럼 울고 또 울었다. 그것은 신성한 사랑이었다."

1954년 7월 2일

소칼로 광장에서 대규모 공산당 시위가 있었다. 미국의 과테말라 내정 개입을 반대하고, 자코보 아르벤스 대통령과 과테말라 공산당을 후원하기 위한 집회였다. 그날 프리다는 파릴 박사의 만류에도 불구하고 자리에서 일어나 디에고와 함께 시위에 참가했다. 다시 한번 멕시코 민중과의 연대감을 표시하고, 그들 속에서 자신의 존재감을 확인하고 싶었기 때문이었다.

그날 소칼로에 내렸던 차가운 비는 폐렴에서 완전히 회복되지 않은 상태였던 프리다의 병세에 치명적인 영향을 미쳤다. 프리다는 이제 죽음이 눈앞에 다가왔음을 느꼈다. 7월 12일 밤, 그녀는 결혼 25주년을 기념하기 위해 준비해 둔 반지를 디에고에게 주었다. 그녀는 기념일에 앞서 미리 반지를 건네며 "곧 당신을 떠나게 될 것 같아서"라고 말했다.

다음 날, 새벽 동트기 전에 프리다는 숨을 거두었다. 직접적인 사인 (死因)은 폐색전증이었다. 그녀가 죽은 뒤 발견된 마지막 일기에는 다음과 같은 글귀가 적혀 있었다.

이 외출이 행복하기를. 그리고 다시 돌아오지 않기를.

프리다는 정확히 47년 7일을 살고, 불꽃같은 생을 마감했다. 프리다를 잃은 디에고는 하루아침에 늙고 지친 모습의 노인이 되었다. 그가 그녀의 죽음을 믿으려 하지 않았기 때문에 의사들은 프리다의 경정맥을 잘라 더 이상 피가 나지 않는 것을 보여 줌으로써 그녀가 죽었다는 사실을 그에게 확인시켜 주어야 했다.

미술의 전당에서 성대한 영결식이 거행된 뒤, 프리다의 관은 돌로레스 시민 묘지에 있는 화장터로 옮겨졌다. 안드레스 이두아르테가 비통한 조사를 낭독했다.

"프리다는 죽었다. 프리다는 죽었다. 이 뛰어나고 고집스러운 사람은, 우리 세대 국립예비학교 교실을 밝혀 주던 사람은 죽었다. 특출한 화가가 죽었다. 깨어 있는 영혼, 너그러운 마음, 활달한 육체에 깃든 감수성. 죽는 날까지도 예술을 사랑했고, 멕시코 특유의 혼돈과 기품이 넘쳤던 그녀, 민중의 친구, 민중의 자매, 위대한 멕시코의 딸. 당신은 아직 살아 있다. 당신은 영원히 살아 있다."

카를로스 페이세도 그녀에게 애정 어린 작별 인사를 했다.

"너는 어둠이 밟고 지나간 꽃밭이고, 태풍에 얻어맞은 창문이며, 피로 물든 손수건, 눈물짓는 나비, 깨지고 부서진 태양이다. 너는 눈물의 바다에 떨어지는 한 방울 눈물이며, 승리를 노래하는 웅장한 삼나무이고, 세상 사람들의 길을 비추는 햇빛이다. 너는……."

디에고와 가족들이 프리다를 관에서 꺼내 수레에 뉘었다. 디에고의 얼굴은 슬픔으로 핼쑥했고, 며칠 사이에 몸도 많이 야위어 있었다. 그가 그녀의 이마에 작별의 키스를 했다. 친구들이 마지막으로 그녀를 보기 위해 가마 입구로 몰려들었다. 마침내 가마의 문이 열리고, 프리다를 실은 수레가 불길을 향해 나아가기 시작했다. 사람들은 〈인터내셔널〉과 〈황금 나룻배〉를 합창하며 그녀를 전송했다.

나는 이제 황금 나룻배가 정박한 항구로 떠나오.

그 배는 나를 멀리 데려갈 거라오.

나는 이제 당신을 떠나가오. 이제는 안녕이오.

안녕, 내 사랑. 영원히……

다시는 나를 볼 수 없고 나의 노래도 들을 수 없을 거요.

그러나 바다는 나의 눈물로 넘실거릴 거라오.

안녕, 내 사랑……안녕.

몇 시간 뒤 다시 가마 문이 열렸고, 프리다의 재가 담긴 수레가 빨갛게 달구어져 나왔다. 디에고는 두 주먹을 불끈 쥔 채 움직이지 않았다. 그녀의 재는 몇 분 동안 그대로 있다가 바람에 흩어졌다. 갑자기 디에고는 쥐고 있던 주먹을 풀고 오른쪽 윗도리 주머니에서 작은 스케치북을 꺼냈다. 그는 프리다의 유골을 그리는 일에 완전히 몰입했다. 그리고는 재를 모아 붉은 천에 조심스럽게 담은 뒤 삼나무 상자에 넣었다.

'1954년 7월 13일은 내 평생 가장 슬픈 날이었다. 나는 사랑하는 프리다를 잃었다. 영원히……나는 그때서야 나의 생애에서 가장 멋진 일이 프리다에 대한 사랑이었다는 것을 깨달았다. 그러나 너무 늦었다'라고 디에고는 자서전에 기록했다.

1957년 11월 24일 세상을 떠날 때까지 그가 가슴 깊이 간직했던 유일한 사랑은 프리다였다. 프리다의 1주기에 맞춰 그린 그녀의 초상화에 디에고는 그녀가 생전에 하던 방식을 본뜬 애틋한 글귀를 써 넣었다.

항상 나의 것으로 남을 내 눈동자 프리다를 위해, 1955년 7월 13일 디에고. 오늘로 1년이 되었다.

그해에 디에고는 자신이 사랑했던 여인이 영원히 기억되게 하기 위해 코요아칸의 푸른 집을 멕시코 사람들에게 선물했다. 프리다의 존재를 떠올리고 싶을 때면 언제든 달려갈 수 있도록 한쪽 구석을 자신만을 위해 비워 달라는 조건으로 그는 그곳에 있는 그녀의 모든 소장품들과 그림들, 자신이 그린 그림들을 함께 기증했다.

프리다 칼로 박물관으로 일반에 공개된 푸른 집의 침실에는 '행복한 두 심장'이라는 달콤한 말을 수놓은 베개가 놓여 있다. 거실에는 그녀의 마지막 작품이 걸려 있는데, 세상을 떠나기 여드레 전에 그린 이 환희에 찬 정물화(화창한 하늘을 배경으로 멕시코 사람들이 가장 좋아하는 과일인 수박을 그렸다)에 그녀는 커다란 대문자로 자신의 삶을 향한 마지막 인사를 적어 넣었다.

인생 만세(VIVA LA VIDA)!

디에고는 프리다가 죽은 지 3년 4개월 뒤, 산앙헬의 작업실에서 뇌일혈로 사망했다. 그는 사랑하는 여인의 재와 합쳐지기 위해 자신도 화장되기를 원했지만, 그의 뜻은 받아들여지지 않았다.

디에고 리베라는 1957년 11월 25일, 돌로레스 시민 묘지의 유명 인사 묘역에 안장되었으며 1984년, 프리다가 세상을 떠난 지 30년 뒤에 멕시코 정부는 그녀의 전 작품을 국보(國寶)로 지정했다.

1907년 7월 6일 멕시코시티 교외의 코요아칸에서 출생

1913년 소아마비에 걸려 오른쪽 다리가 불구가 됨. 쇠약해진 다리
는 평생에 걸친 고통과 강박관념의 원인이 됨. 멕시코시티
의 독일인 학교에 딸린 초등학교에 입학.

1921년 멕시코 최고 명문인 국립예비학교에 입학. 의학도를 꿈꾸
며 '카추차스' 서클에 가입하여 교양을 쌓음. 이 서클에서
첫사랑 알레한드로 고메스 아리아스를 만남.

1925년 알레한드로와 함께 타고 가던 버스가 전차와 충돌한 사고
로 등뼈, 골반, 한쪽 발이 으깨지는 부상을 당함.

1926년 첫 작품 〈자화상〉 완성. 전차 충돌 사고 이후 병상의 고통과 고독을 잊기 위해 그림을 그리기 시작.

1929년 8월 21일, 21세 연상인 당시 42세의 디에고 리베라와 결혼.

1930년 첫 아이 유산. 디에고의 벽화 작업을 위해 그와 함께 미국으로 건너감.

1932년 두 번째 아이를 유산하고 태아에 관한 그림을 그리기 시작. 9월에 어머니 사망.

1934년 귀국하여 산앙헬에 새로 마련한 집에 정착. 오른쪽 다리를 수술하고 발가락을 잘라 냄.

1938년 뉴욕의 줄리앙 레비 화랑에서 첫 번째 개인전. 초현실주의의 거장인 앙드레 브르통으로부터 '뛰어난 초현실주의 화가'라는 평가를 받음.

1939년 앙드레 브르통의 주선으로 파리에서 전시회를 가지고 칸딘스키, 피카소 등으로부터 격찬을 받음. 남미 화가 최초로 루브르 박물관에 그림이 소장됨. 디에고와 이혼.

1940년 멕시코에서 개최된 '초현실주의 국제 전시회'에 〈두 명의 프리다〉 등 작품 출품. 서로에 대한 독립성 존중 등의 몇 가지 조건 하에 디에고와 재결합.

1942년 '라에스메랄다' 미술학교에 디에고와 함께 교수로 초빙. 멕시코 문화협회 창립 회원으로 선출.

1946년 뉴욕에서 척추 수술 받음. 작품 〈모세〉가 미술의 전당에서 개최된 국전에 입상.

1953년 멕시코시티에서 회고전 개최. 이후 급격한 건강 악화로 오른쪽 다리를 무릎까지 절단.

1954년 7월 13일 폐색전증으로 사망.

1984년 멕시코 정부에 의해 프리다 칼로의 모든 작품을 국보로 지정함.